JN106298

ІСТОРІЯ ЯПОНСЬКО-УКРАЇНСЬКИХ ВІДНОСИН 1937-1953 рр.

日本・ウクライナ交流史
1937-1953年

ОКАБЕ ЙОШІХІКО

岡部芳彦

歴史の狭間に忘れ去られた日宇の名もなき人々へ
彼らの友情が多くの人々の記憶に留められるとともに
ウクライナ人と日本人の変わらぬ友好を願って

1953 年
ノリリスク蜂起のウクライナ人
と日本人

1942 〜 45 年
「ウクライナに於いてドイツ
軍捕虜」になった高島與五蔵
とケーニヒスベルクの織田寅
之助との出会い

1930 年代半ば〜 1938 年
駐独日本武官室とウクライナ
民族主義者組織の接触、カル
パト・ウクライナでの活動

1932 〜 39 年
稲垣守克とウクライナ国民（人民）
共和国亡命政府関係者とのジュ
ネーブでの接触

『日本・ウクライナ交流

1936 年、1944 年
満洲のハルビンにおける
『遠東雑誌』、『ウクライナ・
日本語辞典』の刊行

1938 年
在米ウクライナ人協会の
日本政府への接触

1937 〜 45 年
ウクライナ民族主義者組織グループの
来日、満洲のハルビンでの活動

37–1953 年』関係図

『日本・ウクライナ交流史』主要年表

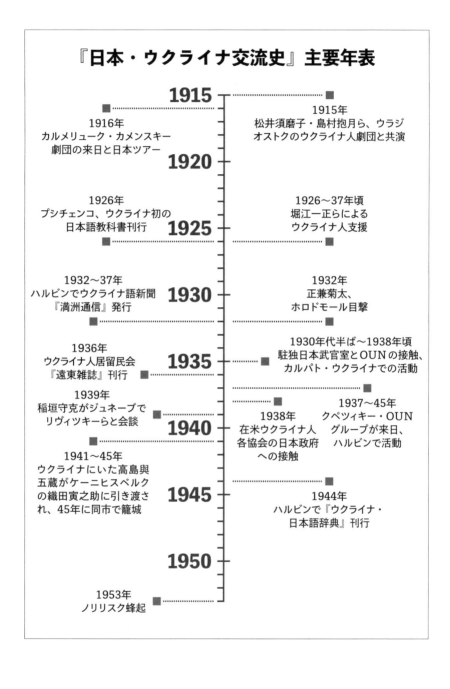

1915

1915年
松井須磨子・島村抱月ら、ウラジ
オストクのウクライナ人劇団と共演

1916年
カルメリューク・カメンスキー
劇団の来日と日本ツアー

1920

1926年
プシチェンコ、ウクライナ初の
日本語教科書刊行

1926～37年頃
堀江一正らによる
ウクライナ人支援

1925

1932～37年
ハルビンでウクライナ語新聞
『満洲通信』発行

1932年
正兼菊太、
ホロドモール目撃

1930

1930年代半ば～1938年頃
駐独日本武官室とOUNの接触、
カルパト・ウクライナでの活動

1936年
ウクライナ人居留民会
『遠東雑誌』刊行

1935

1939年
稲垣守克がジュネーブで
リヴィツキーらと会談

1937～45年
クペツィキー・OUN
グループが来日、
ハルビンで活動

1938年
在米ウクライナ人
各協会の日本政府
への接触

1940

1941～45年
ウクライナにいた高島與
五蔵がケーニヒスベルク
の織田寅之助に引き渡さ
れ、45年に同市で籠城

1944年
ハルビンで『ウクライナ・
日本語辞典』刊行

1945

1950

1953年
ノリリスク蜂起

『日本・ウクライナ交流史 1937−1953年』
目　　次

図表一覧

初出一覧

日本・ウクライナ交流史
1937–1953年

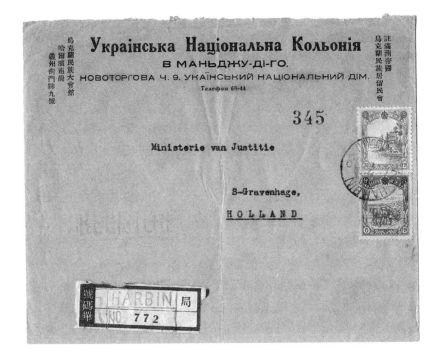

扉写真：満洲帝国ウクライナ人居留民会の封筒。オランダ司法省宛、1938年7月28日ハルビン消印（岡部蔵）。

はじめに

　日本国憲法第24条、いわゆる「両性の平等」の草案を書いたアメリカ人女性ベアテ・シロタについては、近年、映画やドキュメンタリーの公開が相次いでおり、よく知られる存在である。ユダヤ人であった父レオ・シロタは著名なピアニストであり、山田耕筰によって東京音楽学校に招かれ、ベアテも日本に10年余り住むこととなった。彼女がアメリカに留学をしたのちも、レオは日本に留まって音楽指導や演奏活動を行い、第二次世界大戦中の軽井沢への強制疎開を含めて、17年にわたり滞在した。そのレオが西ウクライナのカミャネツィ＝ポディリシキー出身で青年期をキーウ（キエフ）で過ごしたことは、あまり知られていない。

　本書は、『日本・ウクライナ交流史1915-1937年』の続編である。本書は、前書に続き、二国間関係や外交関係といった通史よりも、これまで誰も目を向けなかった日本人とウクライナ人の知られざる深い関係について、新史料を基に解き明かしてゆく。本書では前書に続き、主に第二次世界大戦前夜から戦後しばらくしてからの時期を対象としている。この激動の時代に、日本人とウクライナ人はどのような交流を持ったのか。その人的交流を中心に、我々が忘れてはならない歴史を紐解いていきたい。

　本書では、いままで大きな歴史の流れの中で全く取り上げられず、その詳細が検討されてこなかった六つのテーマについて取り上げる。第Ⅰ部「接触」では、まず第1章で、戦間期の日本において、ウクライナ人を取り巻く政治環境やウクライナ独立運動について、どこまで、また、どのように理解されていたのかを検討する。日本の在外公館から発せられた機密公電、そしてそれらを基に外務省でまとめられた種々の報告書などの史料を使って、日本政府や外務省が在外ウクライナ人の独立運動やカルパト・ウクライナ独立について、どの程度把握し、どのように評価していたのかについて分析する。また、各地のウクライナ人組織と日本との接触はどのように行われていたのかについても考察する。具体的には、アメリカやヨーロッパにおける日本の在外公館を中心に日本人とさまざまなウクライナ人組織との接触と、その背景を明らかにしたい。

第2章では、1920年代から30年代にかけてジュネーブで外務省嘱託や国際連盟協会の日本代表などを務め、その後、反共活動に転じ、戦後は世界連邦運動を展開することになる稲垣守克のウクライナに関する報告と、ウクライナ国民（人民）共和国亡命政府との接触について検討する。戦前に、ジュネーブに在住し、さまざまな会合に出席していた稲垣守克のみを取り上げた研究は管見の限り行われていない。稲垣の経歴を追いつつ、なぜ、そしてどのようにウクライナ側と接触し、その結果いかなるウクライナ独立運動への支援策が考えられたのかについて見てみたい。

　第3章では、1937年に日本軍部の手引きで来日し、その後ハルビンへ渡ったウクライナ民族主義者組織OUNグループのリーダーであったフリホリー・クペツィキーを中心に、その具体的な活動内容と彼が出会った日本人について見てみたい。1988年にカナダのトロントで出版されたクペツィキーの回想録『日出ずる処』などを中心に、満洲国の官吏録や関東軍情報部（ハルビン特務機関）の人名簿といった日本側の史料を用いて、クペツィキーが出会った日本人を可能な限り特定する。またクペツィキーの親族より新たに提供された未公開の写真も参照しながらウクライナ民族主義者組織のハルビンにおける活動や日本人との関係の実像を明らかにしたい。なお、第1章では1930年代前半の出来事についても記しているが、これは前書に含めることができなかった部分である。前書では、ハルビンのウクライナ語新聞『満洲通信』の刊行が終わる1937年8月までを記した。本書では、その継続性にくわえて、同年11月にクペツィキーが日本を経由して満洲に到着したことから、書名を1937年からとした。また、クペツィキーは、第5章の『ウクライナ・日本語辞典』の編纂においても重要な役割を果たした一人でもある。

　第Ⅱ部「邂逅」では、まず第4章で、在ケーニヒスベルク日本総領事の事務代理であった織田寅之助にドイツ軍から引き渡された日本人について検討する。織田の機密電「ウクライナに於いて独逸軍の捕虜となりたる日本人に関する件」を道標に、織田の親族から提供された未公開の写真も参照しながら、数奇な運命を生きてウクライナの地にたどり着いた日本人の生涯を可能な限り辿ってみたい。

　第5章では、1936年にウクライナ人居留民会によって刊行された『遠東雑

誌』と、1944年に刊行された『ウクライナ・日本語辞典』の原本を用いて、それらの内容や発刊の背景を分析する。くわえて、「幻ともいうべき辞典」と称される同辞書の現存状況についても言及したい。

第6章では、1953年に北極圏で発生した「ノリリスク蜂起」を中心に、その周辺における日本人とウクライナ人との出会いと交流について検討する。シベリア抑留者の苦難については、さまざまな証言、手記が存在するが、収容所の看守やソ連軍人たちとの摩擦のみならず、交流があったことも、抑留者の手記やさまざまな著作でも語られてきた。一方、日本人とウクライナ人が同じく囚人としてソ連の各地で出会い、苦労を共にしてきたことについてはこれまでほとんど取り上げられていない。ノリリスクに収容されていたウクライナ人の手記にくわえて、日本人の証言を用いて、ノリリスクやその周辺にいた日本人とウクライナ人の間でどのような交流があったのか、また、ソ連のグラーグ（矯正労働収容所）制度を終焉へと導いたノリリスク蜂起の際、両者の間で何があったのかを可能な限り明らかにしたい。

前書に続き、本書では、戦間期の外交、国際機関、独ソ戦、文芸・学術活動、ソ連の収容所といった世界各地のさまざまな場所や場面、また活動における日本人とウクライナ人の知られざる交流に光を当てる。それにより日本の「隣の隣の国」であるウクライナとの接点にくわえて、ウクライナ人が日本人の隣人であった姿を浮かび上がらせたい。

第Ⅰ部　接　触

第1章　戦間期日本のウクライナ問題理解と
　　　　ウクライナ人組織との接触

1　はじめに

　戦間期の日本において、ウクライナを取り巻く政治環境やウクライナ独立運動について、どこまで、また、どのように理解されていたのであろうか。本章では、日本の在外公館から発せられた機密公電、そしてそれらを基に外務省でまとめられた種々の報告書などの史料を使って、日本政府や外務省が在外ウクライナ人の独立運動やカルパト・ウクライナ独立について、どの程度把握し、どのように評価していたのかについて分析する。また、各地のウクライナ人組織と日本との接触はどのように行われていたのかについても考察する。具体的には、アメリカやヨーロッパにおける日本の在外公館を中心に日本人とさまざまなウクライナ人組織との接触と、その背景を明らかにしたい。

2　日本政府のウクライナ理解

(1)「ウクライナ軍事団体」

　1930年9月30日、在ポーランド特命全権公使松島肇から外務大臣幣原喜重郎宛に「ウクライナ軍事団体に関する件」と題された機密公電が打たれた。「小波蘭（東部ガリシア）に於ける破壊焼討といった暴挙に従事しつつあるウクライナ軍事団体はドイツおよび在米ウクライナ移民との関係に関する別添情報ご参考まで報告す」との書き出しで始まっているこの公電は「小波蘭に於けるウクライナ軍事団体」、「独逸とウ軍体」、「コノワレッと在米ウクライナ移民」、「波蘭に於ける行動」の4つの部分で構成されている[1]。

　ここで取り上げられた「ウクライナ軍事団体」とは1920年にプラハで結成されたウクライナ軍事組織（Українська військова організація、以下UVO）である。その目的は、地下組織として政治テロやサボタージュを行うことにより、ポーランド政府を動揺させ西ウクライナの独立を獲得しようとするものであり、

シモン・ペトリューラとともにシーチ銃隊を組織したイェヴヘン・コノヴァレツィが指導者となった[2]。

UVOはドイツの外交政策とウクライナ独立派と密接な関係があるとされ、「小波蘭」（現ポーランド・マウォポルスカ県）において、「郵便自動車強奪」、「穀山（スキルダ）及び住宅焼討」、「支金庫襲撃」にくわえて、リヴィウやハリチ付近での鉄橋の破壊を試みるなど「テロル及びサボタージュ盛んに行われ」たことが報告されている。一方、UVOの活動は「市場に対するダイナマイト爆破未遂事件」、「社会暴動」、「支金庫襲撃」が中心で、在ポーランド日本大使館は「国際見解からはウクライナ民の反乱とは認められず」と捉えていた[3]。

また、在ポーランド日本大使館は、「コノワレツ（著者注：コノヴァレツィ）は其の任務に対して2万マルク」をドイツ陸軍から受け取り、「軍事的探偵材料提出」したと記している。また「在伯林ウ軍代表たる前独逸軍将校ヤリを経てコノワレツに対し政治運動のため10万マルクを給与」されたとも書いており、ウクライナ軍事組織の背後には、ドイツの支援と資金の提供があると見ていた[4]。

「ヤリ」とは、リコ（リヒャルト）・ヤリ（1898〜1969年）である。ヤリについては、出自もよく分かっておらず、ハンガリーやチェコ系のユダヤ人との説もあり、謎が多い[5]。第一次世界大戦にオーストリア・ハンガリー帝国軍に中尉、上級中尉として従軍、その後、西ウクライナ人民共和国の正規軍であるウクライナ・ハリティーナ軍に入隊した。1927年にドイツ、チェコスロバキア、リトアニアで刊行されウクライナでも違法配布されたウクライナ軍事団体の機関紙『スルマ』の編集委員を務め、1928年4月にプラハで開催されたウクライナ民族主義者会合[6]、1929年1月末から2月初旬にウィーンで開催された第1回ウクライナ民族主義者会議にコノヴァレツィらとともに出席しており、UVOの中心人物の一人であった。一方、1930年代以降はドイツ国防軍の情報機関アプヴェーアのヴィルヘルム・カナリス提督とウクライナ民族主義者組織（Організація українських націоналістів、以下OUN）との連絡役を務めた[7]。1938年にコノヴァレツィが暗殺された後は、ステパン・バンデーラを支持し、ドイツ国防軍のウクライナ人部隊「ローランド大隊」の創設にも関与した[8]。独ソ戦後はリヴィウに入り、1941年6月30日にヤロスラフ・ステツコやバンデーラらによるウク

ライナ国家独立宣言で、ルーマニア、スロバキア、クロアチア、ドイツとともにウクライナ国務委員会の日本担当在外代表、つまり、駐日ウクライナ大使に任命された[9]。しかし、ウクライナ独立は許されず、ヤリもゲシュタポに分離主義者として拘束された。その後、ウィーンで1943年まで自宅軟禁となった。ヤリの現在の評価は、ウクライナ民族主義者という以外に、ドイツ側のエージェントという解釈もあれば、戦後ソ連占領下のウィーンに住んでいたにもかかわらず逮捕されなかったことからソ連側のエージェントとの見方をされることもある[10]。

　1930年頃には、日本の外務省は、コノヴァレツィやウクライナ軍事組織が、ヤリを通じてドイツから財政的な支援を受けていることを把握していた。一方、1930年代半ばから日本の駐独武官室は、おそらく外務省や日本の在外公館の気付かぬところで、ヤリを通じてコノヴァレツィと極秘に接触していた[11]。日本側のカウンターパートは臼井茂樹（当時中佐）とその後任の馬奈木敬信（当時大佐）であった。彼らは西ベルリンのクーアフェルステンダムとベルリン郊外のファンケルゼーに拠点を置き、6人の白系ロシア人を使って、反ソ宣伝文書の印刷を行った[12]。駐独大使となった大島浩以外の日本人との接触を断っていた馬奈木が最も力を入れたのはカルパト・ウクライナにおける反ソ集団教育で、その中心となっていたのがコノヴァレツィとヤリであった[13]。

　在ポーランド日本大使館の報告の「コノワレツと在米ウクライナ移民」の項目でも、UVOとドイツの関係について詳述されている。その蜜月関係は、「ウクライナ独立派と〈コ〉（著者注：コノヴァレツィ）との関係にかなり悪影響を与え」ていた[14]。アメリカやカナダには、第一次世界大戦中に「連合軍と共に対独戦に参加した……ウクライナ移民」も多く、親独的なコノヴァレツィに対して「同情を冷却せしめた」のであった。それに対しUVOは、「センニクに広き全権を与えて米国に派遣」した[15]。機関紙の『スルマ』も大量に送られ、UVO側からは「米国より財的援助を受くるに於いてはドイツとの関係断絶すべき旨を約する書簡」が在米ウクライナ移民の有力な家族に送られた。一方、この書簡には「ドイツの威力から脱却する為めには相当資金を必要とし之が為めには掠奪を行わねばならぬ」とも書かれていた。

　これらの記述からは、ドイツのみならず、在米ウクライナ人社会からのUVO

への資金援助やその影響力の大きさが窺える。次項は、その在米ウクライナ人の活動実態について日本政府がどの程度把握していたのかを見てみたい。

（2）在米ウクライナ人協会

　1938年4月から5月にかけて「在米ウクライナ人団体」より廣田弘毅外相宛に書簡が送られた。内容は4月3日にシラキュース、同月10日にフィラデルフィアのウクライナ国民館（Ukrainian National Home）、17日にペンシルベニア州ベツレヘムのウクライナ国民館、27日にニューヨーク州コホーズのウクライナ系アメリカ人クラブ（Ukrainian American Citizen Club）、5月6日にニューヨーク州ローチェスターのウクライナ教会ホールにおいて、それぞれ開催された会合における同じ文面の決議文であった。また5月22日付でオハイオ州クリーブランドのカヤホガ郡ウクライナ民主連盟（The Ukrainian Democratic League of Cuyahoga County）からもほぼ同様の内容の決議文が送付されている。内容はポーランド政府や議会による「ウクライナ人根絶政策」やウクライナ東方カトリック教会に対する攻撃に抗議する内容で、教皇ピウス11世にも保護を求めると記されていた[16]。

決議（要旨）

　在米ウクライナ人は波蘭国領内居住のウクライナ人に対する同国側の迫害に付抗議する目的を以て四月三日シラキュース（四月十日フィラデルフィア）ウクライナ国民館に会合せり

（一）最近波蘭議会に於て議員はウクライナ民族運動を支持せるウクライナ希臘正教大司教アンドレイ・シェプティスキー[17]を猛烈に攻撃し殊に波蘭新聞紙は同大司教並びにウクライナ教会に対する反宣伝を行い居れり

（二）右宣伝は波蘭政府のウクライナ人根絶政策の明なる証拠なるや　右は波蘭の国際的義務に反するものなり　然るに諸政策はウクライナ人の土地に対する波蘭人の移住、ウクライナ人学校及母語使用に対する圧迫、多数ウクライナ愛国青年の裁判等に現し居れり

　依って左の通決議す

（一）吾人は前記大司教及ウクライナ教会に対する攻撃に付、抗議す

（二）ウクライナ教会及ウクライナ民族を擁護せんとするウクライナ人及同僧侶の態度を支持する

（三）前記波蘭の反ウクライナ政策に対して抗議す

（四）ウクライナ独立国再建の為吾人は波蘭、ソ連邦、チェッコ及羅馬尼に居住するウクライナ人の闘争を支持する

（五）本年一月十九日、エピファニー祭に波蘭軍隊を参加せしメサリン大司教の行為を愛国的行為と認む

（六）法王ピウス11世に対しウクライナ教会の保護を求む

（七）本決議の送付せらるる国々に対しウクライナ教会及波蘭が圧迫し居れる文化教育機関の保護に付斡旋を懇請す

（八）本決議は法王庁書記、波蘭政府、米国国務長官、英、仏、伊、独及日本の外務大臣に送付す

ソ連邦其他ウクライナを占領者に対する決議

ボリシェビキ政府は東部ウクライナを破壊せり．依って決議すること左の如し

（一）ソ連邦がウクライナ人に加えたる野蛮行為に対し抗議す

（二）ウクライナの惨状を隠蔽せんとする人民戦線派に対し抗議す

（三）チェッコ及羅馬尼のウクライナ主義抑圧に対して抗議す

　このように在米ウクライナ人からの度重なる接触に対し、在ニューヨーク総領事館は調査研究を行い、1938年7月21日に宇垣一成外務大臣宛に「在米ウクライナ人氏族運動に関する件」と題した報告を行った[18]。報告書には「在米ウクライナ人の分布状態及職業」、「在米ウクライナ人の社会生活」、「ウクライナ独立運動」、「親蘇的ウクライナ人団体及共産系団体」の項目が含まれた。以下では同報告から日本当局が在米ウクライナ人をどのように捉えていたのかを見てみたい。

　同報告によれば、ウクライナ人はソ連領内に約3300万人、ポーランドには約400万人から700万人、ルーマニアに約150万人、チェコに60万人、カナダに45万人、アルゼンチン及びブラジルに25万人、極東に75万人、そしてアメリ

カには75万人から100万人と推計されている。アメリカへの移民は1870年頃より始まり30年間のうちに20万から50万人、米国移民局の統計から1899年から1936年の間には27万人に達し、その内、アメリカの選挙権を有するのは約20万人としている。その3分の1はペンシルベニア州に住んでいた。分布は「職業上の適応性」により決まり、東部のニューヨーク（約5万人）、ボストン、ハートフォード、バッファローといった大都市部を中心に、中部はミルウォーキー、デトロイト、セント・ルイス、ミネアポリス、西部はサンフランシスコ、ロサンゼルスに居住していた。主に鉄鋼業、ガラス工業、ゴム工業、繊維工業、家具製造、自動車工業、カメラ・ラジオ工業に従事したほか、農業労働者や農場経営者も見られた。

「ウクライナ人は一般に極めて勤勉倹約なり」とされ、他民族の言語、宗教、風俗と混交しながらも、正教会と東方カトリックを中心に信仰心に富み、相互扶助団体、文化団体、スポーツ団体を設立し、ウクライナ語新聞の発行を通じて親睦が図られていた。一方、これらの団体では親ソ派と反ソ派の対立があり、それは「帝政時代のロシア内に於ける内訌（著者注：うちわもめ）を其の儘米国にもたらされ」と評している[19]。

表1-1は、同報告で取り上げられたウクライナ独立運動を行うウクライナ系主要団体である。アメリカにおけるウクライナ系主要団体について、名称、概要、役員に至るまでかなり詳細に調査されていた。それぞれの団体の役員についての記載があるほか、職業情報や住所が付されている場合もあった。また、それらの団体の動向についても詳しく記載されている。例えばOrganization for the Rebirth of Ukraine (O. D. W. U.)の大会については、次のように書かれている。

　　　最近の全国大会は、1937年7月コネチカット州ニューヘヴンに開催せられ500人之に出席せり。本年は9月3日より5日迄米国及加奈陀に於ける同団体の大会をニュージャージー州ニューアークに於いて開催する赴にして欧州及南米よりも代表者が列席する赴なり。尚其の際9月5日紐育市に於てウクライナ独立のための示威運動を行う趣なり。本団体の役員は左の通り

Prof. Alexander Granovsky…会長　ミネソタ大学教授にして2101 Sounder Ave., st. Paul, Minn.

V. Cherewatiuk…副会長

Eugene Skotzko…書記長。Ukrainian Press Service編集主任を兼ね居り且本団体設立当初よりの中堅なり。30才位。

E. Kryven…会計

尚機関紙Nationalistの編集主任はV. Dushnykなり[20]。

在ニューヨーク総領事館はこれらの情報をどのようにして入手していたのであろうか。表1-2は同報告に登場する在米のウクライナ系の「啓発宣伝機関」についてまとめたものである。同館は、在米のウクライナ系メディアについても、発行頻度や言語に至るまで詳細に把握していた。また同報告には1938年にEnrico Insabatoによって記された『ウクライナ：人口と経済』、『Ukraine Press Service（UPS）』紙（図1-1、図1-2）[21]、『Ukrainian Weekly』紙（図1-3）、『Na-

表1-1　アメリカのウクライナ系主要団体（在ニューヨーク総領事館調べ）

団体名	概要	役員
Ukrainin National Association	1893年にペンシルベニアで設立。15州で400支部を持つ。相互生命保険業務を行う。会員数約3万人。440万ドルの資産を持つ。Svoboda紙を発行。	会長：Nicholas Muraszko 書記長：Dmitro Halychyn 会計：Roman Slobodian 機関紙編集長：　Dr. Luke Myshuha
United Ukrainian Organizations (Obyednania)	1922年設立。上記団体と密接な関係。ウクライナ内の小学校や文化教育施設の援助救済資金を集める。	会長：Emil Revik 書記長：Dr. Luke Myshuha　（Svoboda紙編集長）
Organization for the Rebirth of Ukraine (O. D. W. U.)	1931年設立。ニューヨークに所在。ウクライナ民族解放運動を目的とする。全米に約100支部、会員数1万人。機関紙Nationalistを発行。	会長：Prof. Alexander A.　Granovsky 副会長：Eugene Skotzko 機関紙Nationalist　編集主任：V Dushnyk

【出典】JACAR（アジア歴史資料センター）Ref.B04013198500、民族問題関係雑件第三巻　15.「ウクライナ」人関係　分割1（I-4-6-0-1_003）（外務省外交史料館）より作成。

tionalist』紙（図1-4）、の各号についても添付されており、これらのメディアを通じて、在米ウクライナ人の動向の把握に努めていたと考えられる。くわえて同報告では「親蘇的ウクライナ人団体及共産系団体」についても、調査している（表1-3）。これらの団体は「親蘇、独立運動に反対にして機関紙を発行し独立派と対立」していた[22]。

このように日本の在米公館は、ウクライナ系メディアや刊行物を使って、ウ

表1-2　ウクライナ系「啓発宣伝機関」（在ニューヨーク総領事館調べ）

メディア名	概要
Ukrainian Press Service	月2回「ニュース・リリース」を発行。全米の新聞社、各国大公使館に無料送付。O. D. W. U. の Skotzko が責任者。
America	週3回、ロサンゼルスで発行。
Narodne Slovo ("National Word")	週刊、ピッツバーグで発行。
Sitch Call	ニューアークで発行。英・ウクライナ語。
Nash Stiah ("Our Banner")	シカゴで発行。ウクライナ語。
Ukrainian Gazette	デトロイトで発行。ウクライナ語。
Dnipro	月2回、ロサンゼルスで発行。Ukrainian Autocephalous Orthodox の教会機関紙。
Nova Zkittia ("New Life")	月2回、オリファント（ペンシルベニア州）で発行。Concord Benevolent Association の機関紙。
Hromada	月2回、デトロイトで発行。
Visty Z Ohio ("News from Ohio")	月2回、クリーブランドで発行。
Ukrainsky Vistnyk ("Ukrainian Herald")	月刊、カーテレット（ニュージャージ州）で発行。ウクライナ正教会の機関紙。
Missonary	月刊、ロサンゼルスで発行。カトリック教会の機関紙。
Boyevi Zharty	月刊、ニューヨークで発行。

【出典】JACAR（アジア歴史資料センター）Ref.B04013198500、民族問題関係雑件　第三巻　15.「ウクライナ」人関係　分割1（I-4-6-0-1_003）（外務省外交史料館）第45〜47画像より作成。

クライナの独立運動を行っていた主要団体だけではなく、親ソ的なウクライナ人団体についてまで、かなり詳細な報告を本省に打電していた。それではヨーロッパに所在した日本の在外公館はウクライナ問題についてどのように見ていたのだろうか。次項では、カルパト・ウクライナ問題を中心にそれを見てみたい。

表1-3 「親蘇的ウクライナ人団体及共産系団体」（在ニューヨーク総領事館調べ）

団体名	概要
The Sojedinenije	ペンシルベニア州ホームステッドが本部。会員数3万3千人。資産780万ドル。ウクライナ語週刊紙『Amerikansky Russky Viestnik』、英語の週刊紙『American Russian Falkon』を発行。
The Sobranie	ペンシルベニア州マッキーズポートが本部。会員数1万4千人。資産65万ドル。ウクライナ語の週刊紙『Prosvita』を発行。
Russian Brotherhood Organization of the United States	ロサンゼルスが本部。会員数1万7千人。資産150万ドル。
Russian Brotherhood Society	ペンシルベニア州ウィルクスバリが本部。会員数7600人、資産80万ドル。
Lemko	ニューヨーク市所在。小規模。

【出典】JACAR（アジア歴史資料センター）Ref.B04013198500、民族問題関係雑件第三巻　15.「ウクライナ」人関係　分割1（I-4-6-0-1_003）（外務省外交史料館）第47〜48画像より作成。

図1-1 『Ukraine Press Service（UPS）』紙（1939年1月1日号）

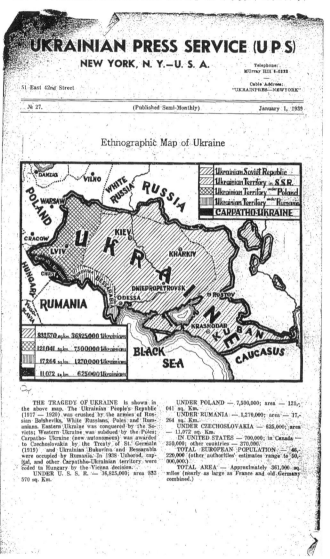

図1-2 『Ukraine Press Service（UPS）』紙（1939年1月15日号）

UKRAINIAN PRESS SERVICE (U P S)

NEW YORK, N. Y.–U. S. A.

51 East 42nd Street

Telephone:
MUrray Hill 6-0322

Cable Address:
"UKRAINPRES—NEWYORK".

№ 28.　　　　Published Semi-Monthly　　　　January 15, 1939.

COLONEL ANDREY MELNYK
New Head of Organization of Ukrainian Nationalists

THE ASPIRATIONS OF 50 MILLION UK-RAINIANS for an independent Ukraine in East Europe center today on Colonel Andrey Melnyk, new head of the Organization of Ukrainian Nationalists. He was appointed by the "Provid" (Chief Council) of the OUN to succeed the late Colonel Evhen Konovaletz, who was assassinated in Rotterdam last May 23 by an OGPU agent.

A brilliant commander in the Ukrainian Revolution (1917-1920) Col. Melnyk is regarded by the Ukrainian people as their chief hope of liberation. Forty-eight years old, he has devoted his life to the Ukrainian struggle and stands today as leader of the years-long movement to unite Ukraine, now parceled out among Russia, Poland, Rumania, Czechoslovakia and Hungary.

A University graduate, Col. Melnyk volunteered for service in the Ukrainian "Sitchovi Striltsi" (Sharpshooters) division of the Austrian Army at the outbreak of the World War. He was captured by the Russians at Lysonia in October, 1916, escaped to Kiev the following year and with Col.

Konovaletz, Col. Roman Sushko and other prominent military leaders helped organize the "Sitchovi Striltsi" as the defenders of the newly proclaimed Ukrainian People's Republic.

For three years Melnyk participated in the bitter fighting which raged almost continuously as the young state fought on four fronts against Bolsheviks, White Russians, Poles and Rumanians. Crushed in the winter of 1919-1920, the Ukrainian Army was dispersed and its leaders were forced to go into exile. Col. Konovaletz and Col. Melnyk returned to Western Ukraine (annexed by Poland) and formed the Ukrainian Military Organization. For his activities, Polish authorities imprisoned Melnyk for four years (1924-1928). Upon his release he became administrator under the Ukrainian Metropolitan Andrey Sheptytsky.

When Col. Konovaletz was killed last spring, Col. Melnyk become acting head of the OUN. He stands ready today to lead the Ukrainian Army of Liberation when Ukraine fights again for freedom.

【出典】JACAR（アジア歴史資料センター）Ref.B04013198600、民族問題関係雑件第三巻 15.「ウクライナ」人関係 分割2（I-4-6-0-1_003）（外務省外交史料館）第15画像。

図1-3 『Ukrainian Weekly』紙（1938年7月9日号）

【出典】JACAR（アジア歴史資料センター）Ref.B04013198500、民族問題関係雑件第三巻 15.「ウクライナ」人関係 分割1（I-4-6-0-1_003）（外務省外交史料館）第74画像。

図1-4 『Nationalist』紙（1938年7月1日号）

【出典】JACAR（アジア歴史資料センター）Ref.B04013198500、民族問題関係雑件
第三巻 15.「ウクライナ」人関係 分割1（I-4-6-0-1_003）（外務省外交史料館）第78
画像。

第1章　戦間期日本のウクライナ問題理解とウクライナ人組織との接触　21

（3）カルパト・ウクライナ問題

　1938年9月のミュンヘン会談の結果、ドイツがチェコスロバキア領ズデーテン地方を併合したことをきっかけに、スロバキアとともに、現在のザカルパッチャ州にあたる「カルパト・ウクライナ」は自治を認められるようになった。ウクライナ語が政府、学校での使用言語となり、「カルパチア・シーチ」という独自の軍隊も作られた。翌1939年3月15日、フスト市で独立を宣言したが、数時間でハンガリーに占領され、その支配下に入った[23]。本項では、在欧の日本の公館から外務省に送られた報告を基に、日本の外務当局がどのようにカルパト・ウクライナ問題を理解していたのかを見てみたい（図1-5）。

　カルパト・ウクライナが独立宣言を行う前後から、日本の外交当局によって、その問題は意識されていた。1938年末、在モスクワ日本大使館の片岡長冬書記生が、フストを調査のため訪れたが、後年、そのときの印象を次のとおり振り返っている。

　　　世界のジャナリスト界をにぎわしているような危機は何処にあるやと目を見張ったが、所謂軍事的らしい状態もなければ、これを指導し、扇動するドイツ人勢力なるものもない。市街は至って平穏であった。
　　　カルパット・ウクライナの土着住民をルシン人（ルテヌ人）と称するが、彼らは果たして、ウクライナ人か、或はロシヤ人であるのか、正しく理解するのに困った。
　　　現地の智識階級や、外来勢力中には、ロシヤ派とウクライナ派とがあって、相争っていることを知ったのである。
　　　土着のルシン人一般は無智で政治的関心が薄いので、白系ロシヤ人や、ウクライナ民族主義者が、これを自分の政治目的の為に利用しているのであった[24]。

　一方、1938年12月16日に「カルパト・ウクライナ及ソブオフ（レンベルグ）地方を旅行せる片岡書記生の報告要旨御参考迄」と題され東郷茂徳駐ソ大使より有田八郎外務大臣宛に打たれた極秘電では、現地の様子が以下のように報告されている。

図1-5 「ウクライナ民族密集地域略図」

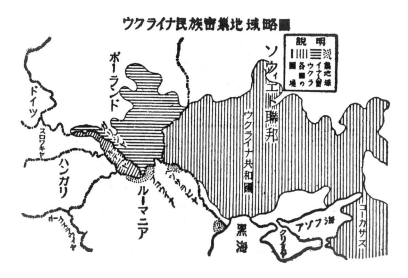

【出典】外務省情報部編『昭和14年版国際事情：世界の動き』1938年、190頁。 「ル
テニア」と書かれた周辺がカルパト・ウクライナ領域にほぼ相当。カルパト・ウクラ
イナの位置については図1-1も参照。

　　　カルパト・ウクライナに於ては従来ウクライナ民族国家建設を主張する
　　ウクライナ派と大露西亜併合を主張する露西亜派と相抗争し来れるか現在
　　ウクライナ派絶対優勢にして露西亜派は洪牙利占領地に移れり　国境方面
　　に於いては波蘭、洪牙利よりのテロリスト侵入することあるも首府フスト
　　初め一般に平穏なり[25]。

　また片岡は、自治政府の大臣と短時間立ち話をし、カルパト・ウクライナの
「前途は洋々たるものがあるとお世辞を述べた」[26]。そのことが外国メディアや
同盟通信社によって報道されたことから、ポーランドに対して「多大な不安を
なげかけ日本は痛くもない腹を探られた形」であるとともに「日本もウクライ
ナ工作に一枚加わるだろうという政治的トリックに、又日独離間の巧妙なる手
に利用された傾きがある」と内閣情報部に評されている[27]。

1938年12月27日、在ウィーン総領事山路章から有田外務大臣宛に「諜報第十七報送付の件」と題された機密電が打たれた。副題は「カルパト・ウクライナ問題」である。在ワルシャワならびに在ブカレストの至国（著者注：チェコスロバキア）公使館からチェコスロバキア外務省に宛てられた報告や同外務省から在英公使宛に送られた6通の公電の原本と翻訳が含まれている。在ワルシャワ・チェコスロバキア公使館が本国外務省に宛てた公電によれば、ミュンヘン会談後の、カルパト・ウクライナについてのポーランドの反応は以下のようなものであった。

　　　波蘭はカルパート・ロシア居住のウクライナ人が既に合併反対を表明し居ること、波蘭内のウクライナ人が既に合併反対を表明し居ること、波蘭内のウクライナ人も自治を要求し居ること並びに右自治運動は独逸側より大に援助を受け居ること等を詳知し居るものなるを持って、至領カルパート・ロシアの洪国への併合を洪国唯一の対外重要問題と為さんとし居れり。波蘭政府は独逸政府が波洪共同国境作成に不賛成なるのみならず却てウクライナの自治乃至独立を圖り居ることを勿論承知し居れり[28]。

　つまりドイツ側がウクライナ独立運動を支援しているとの見方であった。同時期のポーランド国内のウクライナ人の活動も活発化していた。

　　　兎に角最近、ウクライナ独立と洪牙利反対を示威する在波蘭ウクライナ人の活動極めて活発なるものあり。
　　　ウクライナ人の政党代表者は、致国カルパート・ウクライナに認めたる自治は総てのウクライナ人が実現せんと努力し居るカルパート・ウクライナ共和国の基礎となる可く又斯の如くして全ウクライナ人が統一的独立国家を形成し得るべきことを確信し居れり[29]。

　活発化するウクライナ人の活動については、1939年2月16日在チェコスロバキア国特命全権公使藤井啓之助から有田外務大臣ならびに在ソ、独、仏の大使宛に「カルパト・ウクライナに於ける反共協会設立の件」と題された電文が打

たれた。「フストに於て発行せらるる唯一のウクライナ語新聞」であった『ノヴァ・スヴォボーダ』紙1939年2月14日号のコピーも添付されている（図1-6）[30]。同紙はカルパト・ウクライナの政治組織ウクライナ国民連合（Українське національне об'єднання: УНО）の機関紙であるため、同号の記事の大半は、2月12日に実施されたカルパト・ウクライナ議会（Сойм Карпатської України: СКУ）でУНОが90％以上の支持を得て大勝を収めたことについてであった。一方、在チェコスロバキア日本公使館の公電にはそれらについては全く記載がなく、次のとおり、カルパト・ウクライナの首都フストにおける「反共協会設立」についてのみであった。

　　　本会合に於て共産主義と戦へたるペトリューラ及コノワーレツを追想して一分間黙禱を為せり。
　　　正面にはウクライナ、独逸、日本、伊太利及西班牙の国旗を掲げウクライナ国歌を合唱して閉会せり[31]。

　カルパト・ウクライナの反共協会は、その設立総会において、日本国旗を正面に掲げていたのである。『ノヴァ・スヴォボーダ』紙の記事を基にした公電では、その反共協会（Товариства Боротьби з Комунізмом）設立総会の模様は以下のようであった。

　　　一九三九年二月九日の発会式には約二百人参加し独逸人の来客もあり発起人としてヒミネツ氏開会し成立に至る点の経過を述べ更にカルパト・ウクライナ政府がマルクス主義に依れる吾人の敵党を形式的に一掃したるに過ぎざるに鑑み本協会を設立してウクライナ人の敵を徹底的に一掃せんとするものなりと述べたり
　　　本協会委員会には左の諸氏を選任せられたり
　　　　会長　　ユ、ペレウーズニック
　　　　副会長　エム、ドリナヤ
　　　　書記　　ユ、ヒミネツ
　　　　会計係　イ、コペルリオス

宣伝係　　ウェ、クジミク

　　　監督委員会員　　イ、イ、ネリツィク

　　　技師　　ウエ、チャプル

　同協会の発起人「ヒミネツ」とは、ユリヤン・ヒミネツのことである。ヒミ
ネツは1911年生まれで、1932年末にカルパト・ウクライナ地域のOUNの幹
部となった。1938年10月から1939年3月にかけて、ヒミネツはカルパト・ウ
クライナ共和国大統領アウギュスト・ヴォロシンの指示で西欧諸国のカルパト・
ウクライナに対する情報を収集した。カルパト・ウクライナ独立直後にハンガ
リーが同地を占領のため、1939年3月29日にウィーンに脱出した。戦後はアメ
リカに移住し、1984年に回想録『私が見たカルパト・ウクライナ』を記した。
1991年にウジホロドを訪問し52年ぶりにウクライナ帰国を果たし、1994年に
没した[32]。

　ヒミネツはカルパト・ウクライナの外交部代表としてベルリンの日本大使館
とも接触していた。その回想録によれば、1938年10月、妻マリアとともにカ
ルパチア・シーチ参謀長のミハイロ・コロジンシキー大佐と会うためにベルリ
ンを訪れた。コロジンシキーの紹介で、日本大使館を訪れ「日本軍の将官」と
面会し、カルパト・ウクライナ建国の大義を説明し支援を求め、同地の視察を
提案した。ヒミネツによれば、1938年12月15日、日本軍の将官、リコ・ヤリ、
ヒミネツ、マリアは、車でベルリンからウィーンなどを経由しフストを極秘裏
に訪問した[33]。

　1939年2月9日の反共協会設立と同日には東京に向けて、会長のペレウーズ
ニックとヒミネツの連名で以下のメッセージが英文で打電された（図1-7）。

　　　日本国首相閣下　　東京

　　　フストの反共協会設立にあたり、ボルシェビズムとの闘いの中で我々の
　　　必要な友人である日本国に最上の好意を贈ります。

　　　　　　　　　　　　　　　　　　　　　ペレウーズニック　　ヒミネツ

　それに対して、1938年2月15日在チェコスロバキア日本公使館より以下の返
電が打たれるとともに、返電内容が有田外務大臣に報告されている[34]。

26

図1-6 『ノヴァ・スヴォボーダ』紙（1939年2月14日号）

ペレウーズニック　ヒミネツ　フスト

　日本国首相宛の貴殿の電信は東京に転送され、ボルシェビズムに対する文明を守るための共通の目的において、価値ある組織と認められる貴ウクライナ反共協会の設立に心からの祝意を贈ります。

日本公使館

3　むすび

　本章では、日本の在外公館から発せられた公電などから、ウクライナ軍事団体、在米ウクライナ人の動向、カルパト・ウクライナ問題を日本側がどのように把握したのかを分析した。また世界中のさまざまなウクライナ人組織から日本側へどのような接触があったのかも見てきた。

　そこからは、世界各地で発行されていたウクライナ・メディアの情報を駆使して、日本の在外公館から本国外務省に送られた情報がかなり詳細かつ多岐にわたることが分かった。ポーランド領内でのUVOの活動だけではなく、それを財政的に支援する在米ウクライナ人組織の詳細、そしてカルパト・ウクライナ独立問題についてなど、日本の外務省がウクライナ内外のウクライナ人の動向について注意を払っていたのである。

　一方、ウクライナ人側は、在米ウクライナ人の各組織から日本の外務大臣宛ての多数の書簡が送付されたほか、カルパト・ウクライナの首都フストにおける反共協会設立総会においては、正面にドイツ、イタリア、スペイン、ウクライナとともに日本の国旗が掲げられていた。そこからは、同協会の設立目的の一つが、防共協定（共産「インターナショナル」ニ対スル協定）へのカルパト・ウクライナの加盟促進であったことが窺える[(35)]。日本側からも在モスクワ大使館関係者の視察があったほか、日本軍関係者が極秘裏にフストを訪問した可能性があるなど、カルパト・ウクライナ独立問題について高い関心を持っていたことが窺える。

　フストの反共協会設立発起人であったヒミネツが駐独日本大使館の駐在武官と会談したほかにも、カルパト・ウクライナ高官と日本の外交官が接触することもあった。1939年3月2日にジュネーブの柳井恒夫局長代理兼総領事から発

図1-7 反共協会の電信と在チェコスロバキア日本公使館の返信

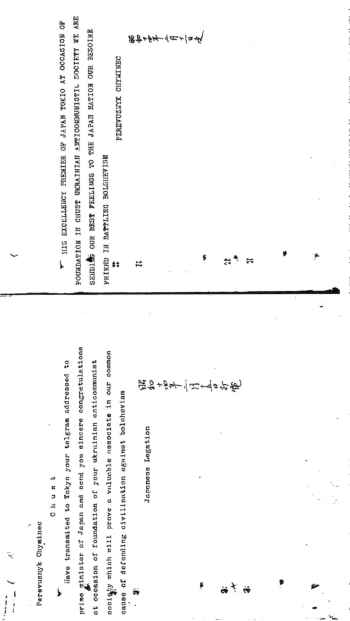

【出典】JACAR（アジア歴史資料センター）Ref.B04012983100、各国ニ於ケル反共産主義運動関係雑件　第三巻　10.反共産主義資料関係分割2（1-4-5-1-3_003）（外務省外交史料館）第3画像。

信された公電によれば、カルパト・ウクライナ共和国大統領のアウギュスト・ヴォロシンとウクライナ国民（人民）共和国亡命政府首相であったヴャチェスラフ・プロコポヴィチが揃って柳井を訪ね、ウクライナ情勢について意見交換をしている[36]。ヨーロッパやアメリカのさまざまなウクライナ人組織が、独立運動に対する日本の支援を期待していたのである。

　同じころ、スイスのジュネーブの地において、ウクライナ国民（人民）共和国関係者とある日本人との間で、もう一つの日宇の接触が行われようとした。そこでは、ウクライナ独立運動に対する方向性と具体的な支援策が話し合われた。次章ではそれについて詳しく見てみたい。

注

（1）　JACAR（アジア歴史資料センター）Ref.B02030835400、1.一般/2 昭和5年9月30日から昭和9年2月27日（A-2-2-0-G/PO1）（外務省外交史料館）第1～7画像。

（2）　黒川祐次『物語　ウクライナの歴史』中公新書、2002年、217頁。

（3）　JACAR（アジア歴史資料センター）Ref.B02030835400、第2～3画像。

（4）　JACAR（アジア歴史資料センター）Ref.B02030835400、第2画像。

（5）　ヤリの評伝については以下が詳しい。Кучерук О. Рико Ярий – загадка ОУН. – Львів: ЛА «Піраміда», 2005. 212 с.

（6）　Мірчук П. Нарис історії Організації Українських Націоналістів. Перший том. 1920-1939 // За редакцією С. Ленкавського. Українське видавництво. Мюнхен - Лондон - Нью-Йорк, 1968. – С. 86.

（7）　Mueller, M., *Nazi Spymaster: The Life and Death of Admiral Wilhelm Canaris*, Skyhorse Publishing, Inc, 2017, pp. 164 –167.

（8）　Посівнич М. Воєнно-політична діяльність ОУН в 1929-1939 рр. // Ін-т українознавства ім. І. Крип'якевича НАН України, ЦДВР. – Львів, 2010. – С. 40. この時期、ドイツ軍には二つのウクライナ人部隊が作られた。その一つナハティガルト大隊はドイツ軍制服を着用し、ドイツ軍特殊部隊ブランデンブルグ隊の隷下にあったが、ローランド大隊は南方軍の指揮下にあり、「ドイツ国防軍勤務」と書かれた黄色い腕章を巻いたチェコ軍制服と第一次世界大戦時のオーストリア軍のヘルメットを着用していた。両大隊ともにウクライナ国独立宣言後の10月に解散させられた。ローレンス・パターソン著竹田円・北川蒼訳『ヒトラーの特殊部隊 ブランデンブルク隊』原書房、2019年、138～168頁。野村真理『ガリツィアのユダヤ人—ポーランドとウクライナ人のはざまで—』人文書院、2008年、157～158頁。

（9）　Гай-Нижник П.П. Відновлення Української Держави Актом 30 червня 1941 р // П. Гай-Нижник // Держава у теорії і практиці українського націоналізму. Матеріали VI Всеукраїнської наукової конференції, Івано-Фран-ківськ, 26 – 27 червня 2015 р. – Івано-Франківськ: Місто НВ, 2015. – С.61.

（10）　Каганець І. Ріхард Ярі (Рико Ярий) // Документальне дослідження. На-родний Оглядач, 12.12.2013.（URL: https://www.ar25.org/node/23623　最終閲覧日：2021年4月25日）。

（11）　大島浩「被告尋問調書大島浩」1946年4月22日、極東国際軍事裁判法廷証第776A号、No. 34〜35、国立国会図書館デジタルコレクション。岡部伸『「諜報の神様」と呼ばれた男 - 連合軍が恐れた情報士官小野寺信の流儀』PHP、2014年、86〜87頁。

（12）　「スターリン暗殺計画」を含むコーカサスにおけるベルリン駐在日本武官府の対ソ工作については、田嶋信雄『日本陸軍の対ソ謀略：日独防共協定とユーラシア政策』（吉川弘文館、2017年）の第8章、丸山静雄『還らぬ密偵：対ソ蒙満謀略秘史』（平和書房、1948年）の第6章を参照。

（13）　鈴木健二『駐独大使大島浩』芙蓉書房、1979年、92〜93頁。シナン・レヴェント『日本の〝中央ユーラシア〟政策―トゥーラン主義運動とイスラーム政策―』彩流社、2019年、212頁。OUNのカルパト・ウクライナでの活動については以下を参照。Пагіря О. Посівнич М. Воєнно-політична діяльність ОУН у Закар-патті(1929–1939) // Український визвольний рух. – Львів, 2009. –Збір-ник 13. – С. 45-88.

（14）　JACAR（アジア歴史資料センター）Ref.B02030835400、第5画像。

（15）　同上、第5画像。オメリャン・センニクは、1930年にOUN最高指導部、1939年OUNローマ大会の議長を務めたが1941年ジトミールで暗殺される。

（16）　JACAR（アジア歴史資料センター）Ref.B04013198500、民族問題関係雑件 第三巻 15.「ウクライナ」人関係 分割1（I-4-6-0-1_003）（外務省外交史料館）第14画像。

（17）　Андрей Шептицький（1865–1944）：ウクライナ東方カトリック教会府主教。宗教者としてだけではなく、リヴィウの教育にも大きな影響を与えた。またナチスの手からユダヤ人の子供約150人を保護したことでも知られる（Українська Гре-ко-Католицька Церква. URL: http://ugcc.ua/official/ugcc-history/vi_mitropolit_andrey_sheptitskiy_18651944_76272.html　最終閲覧日：2021年7月24日）。

（18）　JACAR（アジア歴史資料センター）Ref.B04013198500、第82〜98画像。

（19）　JACAR（アジア歴史資料センター）Ref.B04013198500、第39画像。

（20）　JACAR（アジア歴史資料センター）Ref.B04013198500、第44〜45画像。

（21）　Українська пресова служба/Ukraine Press Serviceはもともとは、ウクライナ民族主義者組織（OUN）によって1931年にベルリンでリヒャルト（リコ）・ヤリを編集人として設立された。ニューヨークのほか、ジュネーブ、ロンドン、パリ、ローマ、プラハ、マドリッド、ブリュッセル、ウィーン、カウナスに支局を置き、連絡を維持していた。1938年にナショナリスト・プレス・サービスに改名され、第二次世界大戦の勃発後、ローマに移され、1943年まで存続した（Canadian Institute

of Ukrainian Studies. URL: http://www.encyclopediaofukraine.com/display
.asp?linkpath=pages%5CU%5CK%5CUkrainianPressService.htm　最終閲覧日：
2021年4月8日）。

（22）　JACAR（アジア歴史資料センター）Ref.B04013198500、第48画像。

（23）　黒川『物語　ウクライナの歴史』220〜221頁。

（24）　片岡長冬「カルパット・ウクライナの思い出」『ソ連研究』第3号、1954年、5
頁。また片岡はフスト訪問前後の1938年11月に「ウクライナ問題」と題して、ウ
クライナの歴史、文化、当時の政治情勢に至るまでを記した詳細な報告書を作成し
ている。JACAR（アジア歴史資料センター）Ref.B10070237300、「ウクライナ」
問題/対蘇政策参考資料　第三輯/1938年（在外_60）（外務省外交史料館）。

（25）　JACAR（アジア歴史資料センター）Ref.B02031171400、4.ハンガリー対チェッ
コ関係/2 昭和13年10月20日から昭和15年5月1日（A-4-1-0-5_1_003）（外務省
外交史料館）第21画像。

（26）　片岡「カルパット・ウクライナの思い出」6頁。

（27）　JACAR（アジア歴史資料センター）Ref.A03024390200、「ルテニア問題と反日
宣伝」（国立公文書館）第1、2画像。

（28）　JACAR（アジア歴史資料センター）Ref.B02031171500、5.カルパトウクライナ
問題（A-4-1-0-5_1_003）（外務省外交史料館）「波蘭の外交政策に関する件」第3
〜4画像。

（29）　JACAR（アジア歴史資料センター）Ref.B02031171500、5.カルパトウクライナ
問題（A-4-1-0-5_1_003）（外務省外交史料館）「波蘭に於けるウクライナ運動に関
する件」第9〜10画像。

（30）　公電では「3月14日」と誤記。

（31）　JACAR（アジア歴史資料センター）Ref.B04012985300、各国ニ於ケル反共産主
義運動関係雑件 第三巻 32.「カルパトウクライナ」ニ於ケル反共協会設立関係（I-4-
5-1-3_003）（外務省外交史料館）第3画像。

（32）　Закарпаття онлайн, Від Підкарпатської Русі до незалежної Української
держави. До 100-річчя народження Юліана Химинця（URL: https://
zakarpattya.net.ua/News/85216-Vid-Pidkarpatskoi-Rusi-do-nezalezhnoi
-Ukrainskoi-derzhavy.-Do-100-richchia-narodzhennia-Iuliana-KHymyntsia
最終閲覧日：2021年4月10日）。

（33）　この日本軍将官が誰を指すのか、ヒミネツの回想録には名前の記載がなく、また
管見の限り日本側の史料にも記述がないため、現在のところ不明である。大島浩が
1938年10月の駐独大使就任までは駐独武官であったが、大使就任後のフストへの
極秘訪問は考えにくく、また本人も東京裁判のソ連側尋問で、「白系露人」との個人
的交流はなかったと述べている（「被告尋問調書」1946年4月22日、極東国際軍事
裁判法廷証第776A号、No. 35、国立国会図書館デジタルコレクション）。ただし、
大島自身は1939年1月1日のカナリス提督主催の晩餐会で、パウロ・スコロパツィ
キーと接触したとも語っている（田嶋信雄「ナチ時代の駐独日本大使館：人と政策」
『成城法学』48号、1995年、410頁）。大島の後任の河辺虎四郎（当時陸軍少将）も

着任したのは同年12月1日であり、10月にヒミネツに会うのは不可能であるとともに着任直後にフストに行くのも不自然である（「宣誓供述書／河邊虎四郎」、1948年1月23日、極東国際軍事裁判法廷証第3886号、1頁、国立国会図書館デジタルコレクション）。また、河辺の回想録にも、ウクライナ側との接触については記載がない（河辺虎四郎『河辺虎四郎回想録』毎日新聞社、1979年）。将官ということであれば、もう一つの可能性は笠原幸雄（当時少将）である。笠原は、日独伊同盟案を携えて参謀本部とベルリンの陸軍武官事務所を結ぶ連絡として日独を往復しており、10月にはベルリンにいた。ただ11月には帰国し、12月に五相会議に出席したと証言しているため、時期が合わない（「宣誓供述書／笠原幸雄」1947年10月23日、極東国際軍事裁判法廷証第3618号、1頁、国立国会図書館デジタルコレクション）。第3章で紹介する後年に書かれたクペツィキーの回想録では、将官昇進を果たした日本軍人を、その当時の階級ではなく「将軍」と書かれていることもある。そう考えると、ドイツで白系ロシア人を組織し、駐独日本大使館からも知られることなく単独行動を行っていた馬奈木敬信（当時大佐、最終階級陸軍中将）の可能性もある。

（34）　JACAR（アジア歴史資料センター）Ref.B04012983100、各国ニ於ケル反共産主義運動関係雑件 第三巻 10.反共産主義資料関係 分割2（I-4-5-1-3_003）（外務省外交史料館）第3画像。

（35）　これについては先行研究でも指摘されている。Пагіря. Посівнич. Воєнно-політична діяльність ОУН у Закарпатті (1929–1939)...– C. 71.

（36）　JACAR（アジア歴史資料センター）Ref.B02032158800、「ウクライナ」関係（A-6-5-0-1_12）（外務省外交史料館）第14、15画像。

第2章　稲垣守克とウクライナ独立運動強化計画

1　はじめに

　第1章では、戦間期に日本政府や外務省がウクライナ国内外のウクライナ人の動向について、詳細に把握していたことを見てきた。また、アメリカ各地、カルパト・ウクライナ、ジュネーブにおけるウクライナ人組織から日本へのさまざまなレベルでの接触が図られたことも分かった。

　本章では、戦前にはジュネーブで国際連盟協会の日本代表を務め、その後、国際思想協会で反共活動に転じ、戦後は世界連邦運動を展開することになる稲垣守克のウクライナに関する報告と、ウクライナ国民（人民）共和国亡命政府との接触について検討する。戦前に、ジュネーブに在住し、国際連盟協会の代表として、さまざまな会合に出席していた稲垣守克のみを取り上げた研究は、管見の限りこれまで行われていない。本章では稲垣の経歴を追いつつ、なぜ、そしてどのようにウクライナ側と接触し、その結果いかなるウクライナ独立運動への支援策が考えられたのかについて見てみたい。

2　稲垣守克の経歴

　まずは、稲垣守克（図2-1）の経歴を見てみたい。1893年1月19日東京生まれで、1917年に東京帝国大学法科を卒業後、大学院に進学し、1919年に出版した『国際連盟について』が吉野作造によって中央公論で紹介された。日本帝国講和条約実施委員を欧州に派遣する際、外務省より国際連盟問題の研究者を加えることを相談された吉野は稲垣を推薦し、外務省嘱託として渡欧した。まず、パリに渡り、その後ドイツで1年暮らした。その間にチェコ、スロバキア、オーストリアのウィーン、ハンガリーのブダペストなどを訪れた。滞欧中は、各国の平和協会や国際連盟協会と接触し、ドイツ、オーストリア、ハンガリーの国際連盟協会の会員であった[(1)]。

1921年に外務省嘱託を一旦免ぜられ帰国、日本国際連盟協会首席書記として連盟の広報事業に従事し、月刊誌『国際連盟』（のちに『国際理解』に改題）の編集者となった。その一方、講演や研究指導、論文や『戦争はしないで済む』[2]、『日米戦わず』[3] といったパンフレットを執筆した。

1922年、アルベルト・アインシュタインが改造社社長の山本実彦の招待で来日した際には、上海で出迎え、その後、日本滞在の4か月間、講演や旅行の世話役として起居を共にした[4]。

1924年に再び渡欧し、パリを経て、1939年までジュネーブに滞在した。表2-1は稲垣自身が語ったジュネーブ滞在中に務めた役職一覧である。

1926年には『社会主義と平和主義』と題した著作を記し[5]、1920年代を通じて改造社が発刊した『女性改造』にくわえて、ボルシェビズムの宣伝を目的とし後に発禁処分となった『無産階級戦闘雑誌〈進め〉』に記事を何度か投稿している[6]。一方、稲垣はその著作の中で「私は共産主義に依る世界組織に賛成するよりも国際連盟の方に賛成したい」とも記しており、共産主義に対しては早い段階から批判的でもあった[7]。

1939年に帰国後から終戦までは国際文化振興会の調査部長を務めた。1945年秋に東京で設立された恒久平和研究所（後に世界恒久平和研究所と改称）で研究と世界連邦構想の広報をはじめ、月刊機関紙『一つの世界』に記事を執筆し、1947年には『国際連合と恒久平和』を出版している[8]。1948年には運動展開のため会員制団体が必要と考え世界連邦建設同盟を、尾崎行雄を代表、賀川豊彦を副代表、稲垣を理事長として設立、世界連邦運動を推進した。1949年から14年間にわたり、世界連邦政府世界運動の理事に連続当選した[9]。

戦前、ジュネーブの地でさまざまな役職を務めた稲垣であったが、その主だったものは国際連盟協会における活動である[10]。日本では1920年4月、渋沢栄一を会長として国際協調を目的に日本国際連盟協会が設立された。協会の会費だけではなく実業界の寄付もあり資金的には豊かであった[11]。また、外務省や政府歳出より経費が支出されており、外務省の外郭機関的な半官半民の組織であった[12]。稲垣は、1930年に国際連盟学芸協力委員会青少年教育専門委員会の会合に専門委員の新渡戸稲造の代理として出席したこともあった[13]。稲垣は第二次世界大戦が始まる前に帰国する際、1939年6月1日に外務省嘱託を解職されて

図2-1　稲垣守克

【出典】国際連盟協会
編『アベリストウイス
の大会』国際連盟協会
パンフレット第68集、
1926年、8頁。

表2-1　稲垣守克がジュネーブ滞在中に務めた主な役職一覧（1924～1939年）

名称	稲垣による説明
国際連盟事務局	数回その職員。
国際連盟帝国事務局	嘱託（同事務局は在パリ大使館内、その出張所はジュネーブ）。
国際会議帝国事務局	外務省嘱託（日本は国際連盟脱退通告後、国際連盟帝国事務局を廃し、そのジュネーブ出張所を国際会議帝国事務局と改称し、委任統治、経済問題、阿片麻薬取締問題等の対国際連盟協力を1938年まで続行）。
国際労働機関に対する日本の事務所	嘱託（日本の内務省の出張所）。
日本国際連盟協会	欧州常任代表。滞欧全期間を通じ日本国際連盟協会代表の資格にて、各国の姉妹協会と連絡し、「国際連盟協会の国際連合会」の全会合に出席（総会と理事会は欧州諸国の都市で開催。出席した会議約60回）。
国際文化振興会	連絡員。総裁：高松宮宣仁親王、会長：近衛文麿公爵、副会長：徳川頼貞侯爵、岡部長景、常務理事：團伊能男爵など。本会が東京設立間もなく、在ジュネーブ常駐連絡員として日本文化の紹介に努力し、日本政府の行う対外宣伝の裏付け。
新聞連合社（東京）	ジュネーブ特派員。国際連盟の活動について特別通信伝送の委託を受け、特に満洲事変の審議の成り行きを終始綿密に聴取報道。

【出典】稲垣守克『国連と世界連邦』507～509頁、稲垣守克「国際文化振興会の事業」『日本語』第4巻第7号、日本語教育振興会、1944年などから作成。

いることからジュネーブ滞在期間を通じて日本政府の公的な身分を保持していたことも分かる[14]。

　稲垣は日本国際連盟協会欧州常任代表を務める一方[15]、国際思想研究会の同地代表も務めていた。国際思想研究会は1933年10月に結成され、平沼騏一郎、法務官僚で法政大学総長も務めた水町袈裟六、同じく法務官僚の原嘉道、子爵・岡部長景、内務官僚の赤池濃、貴族院議員で後に大政翼賛会常任総務となる井田磐楠、外交官であった花岡止郎らが発起人であった。会の設立目的は「第三インターナショナル其他同種主義者の思想及其活動を調査検討し以て我国体の擁護並に国際正義の推弘に貢献せん」であり、反共産主義を標榜していた[16]。各方面の有力者の指示の下、ジュネーブの第三インターナショナル反対国際連合会（反共国際連合、オーベル協会）にも連絡をとり、同年10月9日より3日間にわたり開催された反共産主義会議に、同地にいた稲垣を国際思想研究会代表として参加させ、同会の設立趣旨ならびに極東における共産党活動の概況を紹介させた[17]。同会の研究項目は以下の5点であった。

　　　一　ソウエート露西亜の事情研究
　　　二　第三インターナショナル及各国共産党の研究
　　　三　支那に於ける共産運動
　　　四　ボリシェビズムに対する批判及学説
　　　五　各国反共産団体の研究

　国際思想研究会の会員としてはハンガリー語学者の今岡十一郎、立教大学講師で戦後吉田茂の右腕となる今村忠助らが名を連ね、野沢武之助ら6名に研究が委嘱された。稲垣が第三インターナショナル反対国際連合会主催の会議で得た資料や印刷物は、日本の官憲の検閲で没収される可能性があるため在ジュネーブ国際会議帝国事務局長代理であった横山正幸総領事が代わって日本に送ってよいか廣田弘毅外務大臣宛に許可を求めるなど公的な支援を受けることもあった。1939年に帰国した稲垣は、戦中を通じて国際反共連盟[18]が発行する『反共情報』に「欧州動乱の震源地〈ウクライナ独立の運命〉」と題した記事をはじめ（図2-2）、約30件ほどの欧州情勢に関する記事を寄稿しており、反共産主義

図2-2 「×印ウクライナ民族位置地方」

方地置位族民ナイラクウ印×

【出典】稲垣守克「欧州動乱の震源地〈ウクライナ独立の運命〉」21頁。

の姿勢を鮮明にしている[19]。

　その稲垣がウクライナやジョージアに興味を持ったきっかけは何であっただろうか。国際連盟協会に15年にわたり協会日本代表として国際連合会（総会）に出席していた稲垣であったが、満洲事変の翌年1932年の会議では、各国から日本弾劾の決議案が出された。稲垣は、日本の正当防衛や利益保護という説明はせず、ヨーロッパによる19世紀のインド、中国などに対するアジア侵略、日清戦争後の三国干渉に対する日本人の気持ちなどを説明し、同協会は軽率な決議を採択するより、「事変の根本的な解決を研究した方がよい」と提案した。結果として数名の代表が賛同する演説をしたのち緩和された形の決議文が採択された。そのとき「日本の立場を擁護し決議文に反対の演説をしてくれたのがウクライナとジョルジアの代表」であった[20]。両国代表が日本擁護へ傾いた理由について稲垣は次のように述べている。

ウクライナ及びジョルジアの独立政府は1920年ボルシェヴィーキの革命の際国を追われて、国外にあって国家としては各国に於いて相手にされず止むなくこの国際連盟協会連合会を唯一つの国際的発言所として出て来て、会議毎に蘇連の悪口を言い、日本の絶対の味方とし日本の立場を応援する機会をとらえては之を自己の為の発言の機会として来たのであります[21]。

　また、ウクライナとジョージアは、ソ連からの独立を目指すその他の勢力とパリを中心として「政府連合会」を組織していた。

　　北コーカサス、ジョルジア、アゼルバイジャン、ウクライナ及トルケスタンの五民族が新に亡命五民族政府連合を組織しました。此連合はプロメテーと云う機関雑誌を発行し、プロメテという委員会を組織し機会に応じて政府連合又はプロメテー委員会の名に於いて国際的宣伝に努力して居る[22]。

　1932年時点での国際連盟協会のウクライナ代表はウクライナ国民（人民）共和国亡命政府外相のオレクサンドル・シュルヒン、ジョージア代表はハリトン・シャヴィシヴィリ[23]であった。のちにシュルヒンはイタリアのエチオピア侵攻の弾劾決議に賛成票を投じたことがウクライナ亡命政府内で問題となり、ヴャチェスラフ・プロコポヴィチと交代した。次節では、稲垣とウクライナ国民（人民）共和国亡命政府高官との接触について見てみたい。

3　稲垣とウクライナ

（1）ウクライナ国民（人民）共和国亡命政府高官との接触

　1939年2月下旬、ワルシャワに住んでいたウクライナ国民（人民）共和国亡命政府元首のアンドリィー・リヴィツキーとプロコポヴィチ首相（ディレクトリア議長）は2月下旬にジュネーブを訪問し、3月にウクライナ亡命政府代表部の書記であったリヴィツキーの息子ミコラ宅で稲垣と会談した[24]。同年4月、稲垣が帰国する際に「同政府首脳部」つまりウクライナ側が作成した議事録を手渡

された。それを基に、稲垣を執筆者として国際思想研究会によって1939年8月にまとめられた「ソウエート圧迫下の諸民族：殊にウクライナ及びジョルジアとの関係」と「ウクライナ国民政府の報告」と題された資料は、ウクライナ亡命政府の実際の声を窺い知ることができる貴重な史料である[25]。これらを基に、稲垣によってどのような内容が日本政府に報告されていたのかと、リヴィツキーらとの会談で何が話し合われたのかを見てみたい。

「ソウエート圧迫下の諸民族」の中で、まず稲垣は「ウクライナ独立運動の中心勢力は何派なるや」との項目において、ペトリューラ派すなわちリヴィツキー派はウクライナ民衆の支持を受け、独立運動指導者として認められており「避難民の利我的職業と観らるは全然不当なる見解なり」と主張した。スコロパツィキー派は、「ヴァンゼー河畔に居を定め」、ドイツと個人的な関係を有し、重要視することは不当であると断じている[26]。コノヴァレツィ派は、イェヴヘン・コノヴァレツィがソ連の工作員に暗殺された後も活動を続けるが、ポーランドに対するテロを繰り返し「ウクライナ独立運動より見れば却って有害」としている。それらに対してリヴィツキーは「ウクライナ亡命政府として国際的に認められる勢力」であるとともに、「親波蘭主義に立脚し、波蘭と共同して大露の分裂、被圧迫民族の独立を目的として行動」しているとした。

「独逸、仏蘭西及波蘭の対ウクライナ運動の態度」については、ウクライナ、ジョージア、北コーカサス、アゼルバイジャン、西トルキスタンの5民族代表者がパリに集まり、親善連合を形成した理由としては、ヒトラー政権が「親蘇」であるためであった。一方、年間150万フラン以上の資金をポーランドから得ていたリヴィツキー派はワルシャワに留まった。しかし1938年10月にドイツのズデーテン地方併合に際し、カルパト・ウクライナの自治が行われるようになると、「コレヴァレツ派」すなわちOUNはポーランド国内で、ウクライナ人居留地方の独立を宣伝し始めた。当然ポーランド側は警戒を強め、リヴィツキー派も「カルパト・ウクライナの出現を一の旗印として歓迎せるが慎重の態度」をとった[27]。しかし、ポーランド政府はリヴィツキー派への援助を躊躇するようになり、その結果「波蘭の支持の継続に対し憂慮するに至り従来の希望たる日本との協力促進を急ぐ」に至った[28]。

「ウクライナ国民政府の報告」は稲垣とリヴィツキーの会談の議事録とも言え

る。そこからはリヴィツキーがソ連国内のウクライナ人をどのように捉えていたのかが分かる。まず、「ウクライナ運動は反蘇・反モスコー運動の重要なるもの」とする一方、1930年のウクライナ解放団に対する「流血的弾圧」を例に挙げ[29]、ソ連内のウクライナ人の「全国的革命組織を作ることは不可能」と述べた。そのため、ウクライナ運動を外部から支持することが必要と考えていた。リヴィツキーらは、ウクライナ独立は次の3つの方法で可能となると考えていた。

(一) ウクライナ及び他の非露民族の単純なる革命
(二) モスコーに於ける革命（例えばスターリンの死叉はボルシェヴィスト各派間争）に続くところの非露民族の解放運動
(三) 蘇連の対外的紛争（戦争を含む）は同時にウクライナに於ける叛乱を導引す[30]

また、実際にウクライナ人に対する必要な支援策や方法については次のように考えていた。

(一) ウクライナ国民運動は蘇連に依り圧迫され居るを以て、常に国外ウクライナ愛国者寄りの宣伝手段援助を要す
(二) 又モスコー叛起は孤立的地方的の性質を有するものと予期すべく、統一的指導下に於ける集中的行動にはあらざるものと予見すべし。殊に緊急の場合に於いて全ウクライナ人の中心となり強き組織と中央権力とを持ち束るものは国外避難中のウクライナ人ならざるべからず。此事はモスコーが（多分其時はボルシェヴィーキに非ず其後に来るもの）ウクライナを露帝国内に保持せんと最後の努力をなす場合に於て特に必要なり。亡命ウクライナ国民政府（其命令下に旧ウクライナ士官四千を有し在波蘭ウクライナ人の准軍事組織其他支持を受く）のみが来るべき行動の機会に及シ、ウクライナ指揮の中心となり且つウクライナ軍隊の核心となるべき軍力を国外より持ち込み得るなり。
(三) ウクライナ叛起者に対する援助は権限あるウクライナ人自身に依り行

われざるべからず。現在ウクライナ内に於ける宣伝はウクライナ人に依りて行れ居ると同じく叛起者に対する援助を持て来るものは外国軍隊にはあらず外国に於て組織されたるウクライナ軍ならざるべからず。然らざれば、ウクライナ民衆の失望を其革命勢力強いんべし。外国は軍に武器を提供し高度専門技術を提供に止むべし。

　リヴィツキーらは稲垣に、ウクライナで蜂起が行われる際の中心勢力は在外ウクライナ人であることを強調した。一方、ウクライナ国民（人民）共和国独立時に、ドイツやポーランドなど諸外国から干渉を受けた経験から、外国軍による直接介入はウクライナ国民を失望させるので、ウクライナ人への外国からの援助は軍事援助や技術提供にのみ限定すべきと語ったのである。

（2）ウクライナ独立運動強化計画

　リヴィツキーがプロコポヴィチを通じて稲垣に手渡した資料を基にした「ウクライナ国民政府の報告」の最後には、「ウクライナ独立運動強化に及ぶに要する費用」として詳細に推計されている。

ウクライナ独立運動強化に及ぶに要する費用

（第一）　ウクライナ人の間に於ける活動
　（一）　内部組織
　（イ）　国民政府（事務所・旅行・通信・大臣会議等）　スイス貨幣四千 法（フラン）
　　　　　（一か月）
　（ロ）　避難民中央組織（避難民協会中央幹部会、ウクライナ軍旧戦闘員組織中央連合、在ウクライナオルトドックス教会、此等の中央事務所費用連絡及年会）　二千法
　（二）　ウクライナに帰還準備
　（イ）　行政上の使事（専門家の事務・調査委託費、既約及訓令出版費）
　　　　　五百法
　（ロ）　将来の軍備（青年軍事教練、旧ウクライナ将校の軍事補習、スカウト組織・ウクライナ青年の思想的組織、東ガリシアのウクライナ准軍

　　　　隊組織たる、軍隊及一般人の動員準備）

　　（三）　宣伝

　　（イ）　日刊新聞

　　（ロ）　ラヂオ放送

　　（ハ）　ウクライナ語週刊雑誌　三千法

　　（ニ）　ウクライナ語新聞に対する定期的ウクライナ情報発行　一千法

　　（ホ）　雑出版（軍事及行政年鑑、規約、小冊子）　二千法

　　（ヘ）　露語週刊雑誌

（第二）　外国人の間に於ける活動及宣伝

　　（一）　外国より精神的並に外交的応援を受くる必要（連絡、影響を与える
　　　　　こと、旅行の場合査証を受くる為めの援助、紹介等）

　　（二）　外交団代表（同時に宣伝）

　　（イ）　ロンドン＝千三百法

　　（ロ）　羅馬＝千法

　　（ハ）　伯林＝千二百法

　　（ニ）　コンスタンチノープル＝千法

　　（ホ）　東京＝

　　（ヘ）　カナダ＝千五百法

　　（ト）　北米合衆国＝千五百法

（第三）

　　　　英仏独伊語定期情報誌　二千法

　　　　英仏独伊土日及小冊子　一千法

（第四）　別項

　　　　蘇連内ウクライナ連絡接触　七千法[31]

　これらの情報を踏まえ、稲垣は「大露の分裂が日本にとりて有利なるは論な
し」との考えを持っていた。また、ロシア人が「大露主義の露民族なれば大露
の分裂よりはボルシェビズムの天下を歓迎すると云う心理」を持っているとも
考えていた[32]。そのため、「我が国は白露人と民族革命分子を…区別して対処す
べし」としている。つまり、ロシア人と、ウクライナ人・グルジア人といった

44

他の民族独立運動勢力を分けて考え、支援が必要と提起したのである。そして「リヴィツキー政府及びジョルジア政府其他を積極的に援助することは左の点を考慮せん時緊要」であるとし、「日本側の対策」として次の3点を挙げている。

- （一）革命を促進し、モスコー崩壊の方向に対する工作の一となる
- （二）モスコー崩壊の場合、又は革命起り決勝的段階に入いる場合、又は日露開戦の場合に急速に民族運動と連携する場合に平生より密接の関係の実現し置く必要あり
- （三）情報を受くることを得る

　稲垣は、ウクライナ独立運動にかかる必要な経費を明確にしつつ、ソ連国内での「革命」、すなわち独立運動の促進とソ連崩壊に向けた工作の重要性を強調した。また、日露開戦となった場合は、それらの民族運動と連携する必要があり、そのために密接な関係を構築し、常に情報を交換する必要性を訴えたのである。

4　むすび

　本章では、稲垣守克を中心に日本とウクライナ国民（人民）共和国亡命政府の接触について見てきた。戦前、ジュネーブの地でさまざまな役職を務めた稲垣であったが、その中でも目立つのは国際連盟協会における活動である。一方、満洲事変を境に、稲垣の活動も国際連盟協会から第三インターナショナル反対国際連合会の活動へと活動の場を移していく。

　来日したアインシュタインの通訳を務めるほどの国際人であった稲垣の立場も、1920年代は国際連盟を中心とする国際協調から、満洲事変をきっかけに反共主義路線に変わり、戦後は世界連邦運動へ変遷していった。その稲垣が1930年代後半に高い関心を示したのがウクライナ独立運動であった。

　ウクライナ問題についての稲垣の報告書は非常に詳細なもので、例えば、ペトリューラ＝リヴィツキー派、スコロパツィキー派にくわえウクライナ民族主義者組織内部ではコノヴァレツィ派、メリニューク派が存在し、それぞれが独

自の動きをしていることも、理解されていた。第1章でも見たとおり、1930年代の日本では政府や関連する団体が調査研究を行いウクライナ独立運動に対する理解を深めており、稲垣の報告もその一助となったことは間違いない。また、稲垣は、ウクライナ国民（人民）共和国亡命政府元首のリヴィツキーとプロコポヴィチ首相とも接触した。その会談を通じて、稲垣はウクライナ独立を支援するための具体的な強化計画を記し、それも日本政府に報告された。

　稲垣は、リヴィツキーらウクライナ国民（人民）共和国亡命政府関係者と接触した後の1939年9月20日に執筆した記事で「ドイツの対ウクライナ方針は未決定のまま今回の動乱が始まった」と記している。また、「ドイツは大ロシヤと妥協して、強敵英に対抗」している中で、「ドイツはウクライナの独立運動を援助し、独立ウクライナと特別な関係を結ぶかそれとも来る大ロシヤと結ぶか興味ある問題である」とも述べている[33]。独ソ戦後、ウクライナ民族主義者組織に対して、ウクライナ独立を巡って支援から不支持へと目まぐるしく変化するドイツの対応を1939年の時点で予見していたのである。

　ウクライナやジョージアの民族運動に対する日本の対策として、外務省を中心に、ウクライナ国民（人民）共和国亡命政府やペトリューラ＝リヴィツキー派に関心を寄せ、稲垣を通じて接触が図られる一方、ベルリンではもう一つの日本とウクライナの接触が、次の段階へと進もうとしていた。日独防共協定が結ばれる中、親独的と外務省が見なしていたコノヴァレツィ派、すなわちウクライナ民族主義者組織グループが、日本の軍部の招きに応じて日本を訪れようとしていたのである。

注

（1）　稲垣守克『思想の進行と国際連盟の立場』国際連盟協会、1919年、30頁。
（2）　稲垣守克『戦争はしないで済む』国際連盟協会、1921年。
（3）　稲垣守克『日米戦わず』国際連盟協会、1921年。
（4）　浅利順四郎「稲垣守克論」『国際知識』1月号、1925年、123頁。
（5）　稲垣守克『社会主義と平和主義』啓明会、1926年。
（6）　小栗勝也「治安維持法反対論の諸相」『法学研究』第68巻第1号、1995年、525頁。
（7）　稲垣守克『思想の進行と国際連盟の立場』国際連盟協会、1921年、23頁。

（8）　稲垣守克『国際連合と恒久平和』世界文庫社、1947年。

（9）　稲垣守克『国連と世界連邦』日本学士会叢書第一号、日本学士会、1964年、507
　　　〜509頁。なお、稲垣を含めたジュネーブの国際連盟関係者の戦後の活動について
　　　は以下が詳しい。篠原初枝「国際連盟の遺産と戦後日本」『アジア太平洋討究』No.
　　　20、2013年。

（10）　国際連盟協会については以下が詳しい。池井優「日本国際連盟協会：その成立と
　　　変質」『法學研究：法律・政治・社会』68巻2号、1995年。

（11）　緒方貞子「国際主義団体の役割」細谷千博編『日米関係史3：開戦に至る10年
　　　（1931年-41年）』東京大学出版会、1971年、312頁。

（12）　岩本聖光「日本国際連盟協会-30年代における国際協調主義の展開」『立命館大学
　　　人文科学研究所紀要』No.85、2005年、123〜125頁。JACAR（アジア歴史資料セ
　　　ンター）Ref.B13081397200、乙/3　国際連盟協会補助金問題（議JY-6）（外務省
　　　外交史料館）。

（13）　JACAR（アジア歴史資料センター）Ref.B04122196200、国際連盟学芸協力国際
　　　委員会及国際学院関係一件/青少年教育専門委員会関係（B-9-11-0-1_2）（外務省
　　　外交史料館）第2画像。

（14）　JACAR（アジア歴史資料センター）Ref.B13091825900、外務省報　第二十四巻
　　　（外・報24）（外務省外交史料館）、第1画像。

（15）　井上祐子『戦時グラフ雑誌の宣伝戦：十五年戦争下の「日本」イメージ』青弓社、
　　　2009年、50頁。

（16）　「国際思想研究会設立趣意書」1933年9月23日、JACAR（アジア歴史資料センタ
　　　ー）Ref.B04012990900、国際思想研究会関係雑件（「オーベル」協会関係ヲ含ム）
　　　分割1（I-4-5-1-9）（外務省外交史料館）第2画像。

（17）　国際思想研究会『会報』1934年5月、JACAR（アジア歴史資料センター）Ref.
　　　B04012991100、国際思想研究会関係雑件（「オーベル」協会関係ヲ含ム）分割3
　　　（I-4-5-1-9）（外務省外交史料館）第5画像。

（18）　1937年設立、主な連盟員としては顧問：平沼騏一郎、近衛文麿、頭山満、田中光
　　　顕、有馬良橘、評議員：石光真臣、南郷次郎、松岡洋右、荒木貞夫など。「国際反共
　　　連盟設立趣意書」、山内封介『赤軍将校陰謀事件の真相：スターリン暗黒政治の曝
　　　露』国際反共連盟調査部、1937年、附録2〜8頁。

（19）　稲垣守克「欧州動乱の震源地〈ウクライナ独立の運命〉」『反共情報』第2巻10号、
　　　国際反共連盟、1939年。

（20）　稲垣守克「欧州に於ける反蘇反共運動」『月刊ロシヤ』第5巻第1号（1月号）、
　　　1939年、54〜55頁。

（21）　稲垣「欧州に於ける反蘇反共運動」55頁。

（22）　稲垣「欧州に於ける反蘇反共運動」56〜57頁。なお、戦後、関西学院大学教授と
　　　なった禅僧の梅田良忠は、プロメテウス同盟の関係者であり、ウクライナ国民（人
　　　民）共和国のイサーク・マゼーパ内閣で農業大臣を務めたミコラ・コヴァレフスキ
　　　ーからテヘラン会談の情報を入手し、日本本国に伝えようとしたが無視されたとい
　　　う。梅原季哉『ポーランドに殉じた禅僧梅田良忠』平凡社、2014年、177〜184頁。

(23)　梅原『ポーランドに殉じた禅僧梅田良忠』55頁。シャヴィシヴィリはジョージア
の外交官。1918～1934年までジュネーブで国際連盟ジョージア代表を務める。(ジ
ョージア国立議会図書館ウェブサイト URL: http://www.nplg.gov.ge/emigrants
/ka/00000141/　最終閲覧日：2020年3月12日)。稲垣によれば、シャヴィシヴィ
リが「満洲事変の時には猛烈な反日新聞であったジョルナルド・ド・ジュネーブ」
の社長になったのちに、「親日反蘇」へ論調が変化した(稲垣「欧州に於ける反蘇反
共運動」63頁)。

(24)　ミコラ・リヴィツキー(1907～1989年)は、のちにウクライナ国民(人民)共
和国亡命政府第3代大統領となる。ЕНЦИКЛОПЕДІЯ СУЧАСНОЇ УКРАЇНИ
(URL: http://esu.com.ua/search_articles.php?id=55407　最終閲覧日：2021年3
月14日)。

(25)　なお、本章の主題ではないため、概略のみにとどめるが、稲垣は「ジョルジア亡
命政府報告」も記している。その中で、グルジア独立運動に加えて、北コーカサス
出身のハイデル・バマト Haidar Bammat(ロシア名：ガイダル・バマドフ Гайдар
Нажмутдинович Бамматов、1889～1965年)について詳述している事は非常に
興味深い。北コーカサス山岳共和国の外相を務めたバマトは1930年代より日本の駐
独武官室の協力者であり、東京裁判における大島浩や河辺虎四郎の証言でもたびた
び登場している。大島は、親衛隊全国指導者ハインリヒ・ヒムラーが残した「ヒム
ラー覚書」によって明らかとなったコーカサスにおける諜報活動について「吾々は
その手の仕事は〈バマト〉と呼ぶ白系露人を通じて行った」と述べている。大島浩
「被告尋問調書大島浩」1946年4月22日、極東国際軍事裁判法廷証第776A号、No.
34～35、国立国会図書館デジタルコレクション。稲垣守克「ソウエート圧迫下の諸
民族：殊にウクライナ及びジョルジアとの関係」：JACAR(アジア歴史資料センタ
ー)Ref.B04013198600、民族問題関係雑件 第三巻(I-4-6-0-1_003)(外務省外
交史料館)第69画像。バマトと日本の関係については以下が詳しい。Kuromiya, H.,
Mamoulia, G., *The European Triangle: Russia, Caucasusu and Japan, 1904–
1945*, De Gruyter Open, Warsaw/Berlin, 2016.

(26)　一方、大島浩駐独大使をはじめベルリン駐在日本武官府のように反ソヴィエト諜
報・謀略工作の協力者としてスコロパツィキーに接近する動きもあった。田嶋『日
本陸軍の対ソ謀略』156～157頁。

(27)　稲垣「ソウエート圧迫下の諸民族：殊にウクライナ及びジョルジアとの関係」第
56画像。

(28)　稲垣「ソウエート圧迫下の諸民族：殊にウクライナ及びジョルジアとの関係」第
57画像。

(29)　正確には「ウクライナ解放団公開裁判事件」。ハルキウ(ハリコフ)のオペラ座で
開催された公開裁判で、実際に存在しないウクライナ解放団がでっち上げられ、45
名のウクライナの知識人、作家、図書館員、教会関係者などに有罪判決が下され、
投獄された。Internet Encyclopedia of Ukraine, Canadian Institute of Ukrainian
Studies(URL: http://www.encyclopediaofukraine.com/UnionfortheLiberatio
nofUkraineSVU.htm　最終閲覧日：2017年4月30日)。

（30）　稲垣「ソウエート圧迫下の諸民族：殊にウクライナ及びジョルジアとの関係」第59〜60画像。

（31）　稲垣「ソウエート圧迫下の諸民族：殊にウクライナ及びジョルジアとの関係」第63、64画像。

（32）　稲垣「ソウエート圧迫下の諸民族：殊にウクライナ及びジョルジアとの関係」第58画像。

（33）　稲垣「欧州動乱の震源地〈ウクライナ独立の運命〉」21頁。

第3章 フリホリー・クペツィキーと日本人
──1937年のウクライナ民族主義者組織──
グループ来日とハルビンでの活動

1 はじめに

　近年、1932年11月にウクライナ民族主義者組織OUNがポーランド統治下の
リヴィウのホロドク郵便局を襲撃した事件を題材にした映画の公開が続いてい
る[1]。その襲撃の参加者の一人がフリホリー・クペツィキーである。本章の目的
は、そのクペツィキーが率いたウクライナ民族主義者組織グループの1937年の
来日と満洲のハルビンでの活動にくわえて、日本人との関係について明らかに
することである。

　OUNは1929年1月28日から2月3日にかけてオーストリアのウィーンで結
成され、ポーランドやソ連からの独立したウクライナ国家樹立を目指した組織
である。1938年に指導者のイェヴヘン・コノヴァレツィがソ連の工作員によっ
て暗殺された後は、アンドリー・メリニュークとステパン・バンデーラのグル
ープ間で主導権争いが起こった。第二次世界大戦中は、ウクライナ国民評議会
に参加し独立を目指す者や、ドイツ側に協力する者など対応が分かれた。戦後
は、西側の情報機関と協力しながら活動を続けた[2]。1930年代にOUNと駐ベル
リン日本大使館関係者との接触があったことは、これまで先行研究でも触れら
れてきた。30年代を通じて駐ドイツ日本大使館駐在武官であった大島浩少将の
下で、臼井茂樹中佐、馬奈木敬信大佐らがOUNの幹部であったリコ・ヤリを
通じて、コノヴァレツィと接触を続け[3]、反共戦線を構築するため東京へOUN
の使節を派遣することを提案していた[4]。

　OUNと日本側の接触やクペツィキーらのハルビンでの活動については、ミ
コラ・ポシブニチの詳細な研究がある[5]。一方、黒川祐次は、アルカージ・ジュ
コフスキーの『ウクライナの歴史』に典拠しつつ、日本の軍部とOUNなどの
ウクライナ独立派との関係は「目下これ以上の肉付けはできない」としてい
る[6]。ペトロ・ミルチュークの『ウクライナ民族主義者組織の歴史』にもハルビ

ンで発行されたOUNの印刷物についての記載があるものの、そこでの具体的な活動内容についてはあまり触れられておらず[7]、ウクライナ民族主義者組織と日本側との間で具体的にどのような接触があったのか、またどのような経路で来日し、ハルビンでどのような日本人と出会い、いかなる活動が行われるようになったのかはほとんど分かっていない。

そこで、本章では1937年に来日し、日本軍部の手引きでハルビンへ渡ったOUNグループのリーダーであったクペツィキー（通称ジュラ、図3-1）を中心に[8]、その具体的な活動内容と彼が出会った日本人について見てみたい。本章の史料は、1988年にカナダのトロントで出版されたクペツィキーの回想録『日出ずる処』[9]、およびハルビンのウクライナ語新聞『満洲通信』の編集者であったイヴァン・スヴィットの回想録『日本とウクライナの相互関係　1903-1945年』である[10]。ポシブニチも同様の史料を用いているが、ウクライナ国内外の先行研究では、そこに登場する日本人はそれらの回想録に基づき姓のみの記載で、人物が全く特定されていない。そこで本章では、満洲国の官吏録や関東軍情報部（ハルビン特務機関）の人名簿といった日本側の史料を用いて日本人を可能な限り特定し、クペツィキーの親族より新たに提供された未公開の写真も参考にしながらウクライナ民族主義者組織のハルビンにおける活動や日本人との関係の実像を明らかにしたい。

2　クペツィキーとホロドク郵便局襲撃事件

1932年11月30日、ポーランド統治下のリヴィウのホロドク郵便局がOUNグループ11名によって襲撃された。それまでOUNは、ポーランド警察幹部や要人の暗殺と平行して、活動資金を得るため郵便局の襲撃を繰り返していた。

ホロドク郵便局襲撃は、ウクライナ軍事組織UVOを率いていたロマン・シュヘービチによって各地から11名の過激派が選ばれた。当初の計画では、11月29日火曜日の午後4時55分以降に行われることになっていた。襲撃メンバーは決められた時間に、人里離れた場所で合流したが、予備の弾薬が用意されていなかったため、襲撃を翌日に移さざるをえなかった。

11月30日水曜日の夕暮れ前に、5人と6人の2つのグループに分かれた襲撃

図3-1 フリホリー・クペツィキー

【出典】レーシャ・ジュラ氏蔵（1930年代後半〜1940年代前半）。

グループはホロドク郵便局に、4時55分に侵入した。襲撃グループの想定とは異なり、郵便局の警備員は武装していた。襲撃グループがホールに入り、手を上げるように呼びかけると、すぐに反撃された。銃撃戦でユーリィ・ベレジンシキー、ヴィロディーミル・スタリクの2名が命を落とし、クペツィキーは腕を負傷した。フリホリー・ファイダのグループはリヴィウ方面に逃走し、ドミトロ・ダニリーシン、ヴァシリ・ビラスはステファン・クスピシと一緒にフリンナ・ナヴァリア駅行の電車に乗り、2手に分かれて撤収した。ダニリーシンとビラスはコチャフ駅で、ホロドク襲撃犯を追って検問中の2人の警官に身分証の提示を求められた。ダニリーシンはパスポートを提示するふりをして銃を取り出し、警官1名を射殺、もう1人に重傷を負わせ逃走した。その後、ロズバディフ村（現リヴィウ州）で、銃を所持していた彼らを強盗と勘違いしたウクライナ人農民に囲まれ袋叩きにあった。地元司祭が仲裁に入り、彼らも自分た

ちがウクライナ軍事組織のメンバーであると主張したが、ポーランド警察が到着し、リヴィウに連行された⁽¹¹⁾。

ドミトロ・ダニリーシン、ヴァシル・ビラスに加えマリアン・ジュラキフシキーの3人は逮捕され、また事件の共犯で告発されたゼノン・コサックとともに1932年12月17日から22日にかけてポーランド当局によってリヴィウで裁判にかけられた。襲撃に参加した3名には死刑判決が下され、そのうちダニリーシン、ビラスは23日に処刑された⁽¹²⁾。結果として、ウクライナ民族主義者組織によるホロドク郵便局襲撃は失敗に終わり、2名が銃撃戦で死亡し5名が負傷、2名が処刑された。

一方、銃撃戦で腕を負傷したクペツィキーは、同じく負傷したファイダとともにイタリアへ逃亡することに成功した。1934年から2年半にもわたり、シチリアのフィリクディ島などに滞在し（図3-2）、リパリ島にあったクロアチアの民族主義組織ウスタシャのキャンプでミハイロ・コロジンシキー、ミハイロ・フナティフ、フリホリー・ファイダ、レヴコ・クリスコ、ロマン・クサークらとともに軍事訓練を受けた⁽¹³⁾。ベルリンで日本軍武官と接触のあったOUN指導部はこの中から、ホロドク郵便局襲撃に参加したクペツィキーとファイダ（通称ボンバ）、ポーランドの政治家タデウシュ・ホロウコの暗殺を試みたミハイロ・フナティフ（通称チョールヌイ）を選んだ。彼らの派遣目的は、極東のOUN幹部と連絡を保ち、活動を活発化させることであった。OUNは1934年にオメリアン・フメリオフシキー（別名ボリス・クルクチ）⁽¹⁴⁾、1935年にミコラ・ミトリュク（別名ボフダン・ルコベンコ）とミハイロ・ザティナイコ（別名ロマン・コルダ＝フェドリフ）⁽¹⁵⁾をウクライナ・ディアスポラが多数住んでいた満洲のハルビンへ送り込んでいた⁽¹⁶⁾。ミトリュクが、1936年にアムール川を越境した際にソ連側からの銃撃を受け死亡し、ミハイロ・ミルコがOUNの極東代表となった。OUNは、ミルコらと連携をとり満洲での活動を活発化させるため、クペツィキーらを、日本を経由してハルビンに派遣することにしたのである。クペツィキーらはそれ以上の指示は受けていなかったようだが、OUNの一部となっていたウクライナ民族主義者連合（PUN）の指導者から日本側から「国境を越えてソビエト連邦に入るよう求められた場合は拒否し、この場合、ウクライナ民族主義者組織OUNの指導者との合意に達しなければならないと言って正当化するこ

図3-2　フィリクディ島でのOUNグループ

と」という指示を受けていた[17]。

　次節では、まずOUNグループが来日、ハルビンへ到着した経緯とクペツィ
キーが出会った日本人について考察するとともにOUNグループとハルビンの
ウクライナ人居留民会やウクライナ民族の家（ウクライナ・クラブ）との関係に
ついても見てみたい。

3　クペツィキーの日本と満洲における活動

（1）ウクライナ民族主義者組織の来日からハルビン到着まで

　本項ではクペツィキーの回想録『日出ずる処』を基にOUNグループの日本
や満洲での活動について見てみたい。同書には、それぞれの出来事について、
具体的な日付等は書かれていない場合も多い。一方、出会った日本人の名前に

ついては、スヴィットの回想録と一致することも多く、ある程度正確であると思われる。他の史料で可能な限り情報を補いつつ検討したい。

　1937年10月頃、クペツィキー率いるOUNグループは、ナポリで日本郵船の香取丸に乗船し（図3-3）、スエズ運河を通過し、コロンボ、シンガポール、香港を経由して6週間かけて神戸港に到着し、下船し散策したのちに、横浜港へ向かった[18]。

　横浜に着くとすぐに、満洲国の首都新京から彼らに会うために帰国した「ウガイ将軍」と面会し、山王ホテルに滞在した。これは当時、中佐であった鵜飼芳男と思われる。鵜飼に連れられて山王ホテルに行くと秋草俊ら3名がスーツ姿で出迎えた[19]。ハルビン特務機関での勤務を終えていた秋草は当時、兵務局付きで、防諜研究所（のちに後方勤務要員養成所を経て陸軍中野学校）開設の準備をしていたと思われる[20]。クペツィキーのみロシア語を話せなかったのでウクライナ語で、秋草はロシア語で答えた。秋草とは毎日電話をし、隔日で面会して満洲ではどのような活動を行えるのか聞いたが明確な答えはなく、ロシア語を学び、ソ連の情報について精通するようにと言われた。クペツィキーは秋草からかつてハルビンで活動をしていたことを聞き、ハルビンのウクライナ・コミュニティについて自分たちより遥かに詳しい印象を受けた。ある日、秋草にボフダン・ルコベンコ（ミコラ・ミトリュク）とロマン・コルダ=フェドリフ（ミハイロ・ザティナイコ）を知っているかと聞かれた。さらに秋草は、コルダ=フェドリフは暴力的なウクライナ・ナショナリストで、ハルビンで多くのトラブルを引き起こし、ロシア人とも小競り合いがあり、そのため欧州へ送還しなければならないと述べた。クペツィキーが驚き、ではなぜOUNの我々が呼ばれたのかと聞いたところ、秋草は「あなた方は地下で活動する。ロシア人の姓で生活し、ハルビンでのウクライナ居留民の生活には参加しない。その役割はコルダ=フェドリフが現在行っている」と述べた。クペツィキーは驚きコルダ=フェドリフも自分たちも同じOUNに属していると答えて会話が終わった。後日、コルダ=フェドリフがハルビンに留まることになったことを秋草は伝え、クペツィキーはOUNメンバーの団結を試されたと感じた[21]。

　クペツィキーによれば、日付は不明だが、ホテルで寺内寿一との会食があった。事前に計画されたものであったかは分からないが、寺内がドイツ語で乾杯

図3-3 「香取丸」船上のOUNグループ

[出典] レーシャ・ジュラ氏蔵。最後列左から2番目がクペツィキー、右から3番目がフナティブ。

の音頭をとったことなども具体的に記載されている[22]。クペツィキーは山王ホテルが二・二六事件の舞台となったことを知っており、寺内はその時に陸軍大臣であったとも記述している。事実であれば、日本側のOUNに対する大きな期待が窺える。

　日本出発前には、日本当局より偽名が与えられており、ミハイロ・フナティフ（通称チョールヌイ）はセルゲイ・イヴァノヴィッチ・ヴァシリフ、クペツィキーはボリス・セミョーノヴィチ・マルコフ（ウクライナ読み：マルキフ）を名乗った[23]。37年11月末、東京を列車で出発し、大阪、神戸、広島を通って下関に到着した。下関でドイツ語を話す憲兵のチェックを受けたのちに乗船、釜山に到着した。その後、列車で大連に向かい、そこで日本当局関係者と合流したのちに、11月27日に満洲の新京に到着した。

　翌日、鵜飼と面会した際、新京にはほとんどヨーロッパ系住人がいないので、ハルビン特務機関のあるハルビンへ彼らが行くことを告げられた。日本当局の連絡係がウクライナ人と話したいか聞いてきたので、クペツィキーは熱望した。しばらくして現れたのは電信・電話技師のアナトリ・ティシチェンコであった（図3-4）。その際、ティシチェンコが語った経歴は以下のようなものであった。1910年生まれで、父親の記憶はなく、コムソモールを経て共産党員に至るまで、典型的な共産党の組織に属して電話と電信のエンジニアとしての教育を受けた。ハルキウ地域の電信・電話の責任者の一人となり、結婚していて子供がいた。ウクライナの共産党幹部にも人脈があり、しばしばキーウとモスクワを訪れることも多かった。ウクライナ化で大きな成果を見て、ソ連の明るい未来を信じるようになった。しかし、ウクライナの飢饉、いわゆるホロドモールの後、疑問を抱くようになり、彼の出身地ポルタヴァでの反ソ連ビラの作者として疑われ、ハルキウに戻ったときに党を除名、逮捕されて、大した証拠もないまま、6年の刑を宣告されシベリアに送られた。家族はウクライナに残り、ティシチェンコはその消息を知らなかった。彼自身、専門家として、そこに建設されていた新しい鉄道に沿ってシベリアを通る新しい電話回線の建設の責任者に任命された。流刑者であったが任務を忠実に遂行したため、シベリアでの生活環境は良かった。仕事のため頻繁に旅する機会があったため、1937年の夏にソ連から脱出した[24]。

図3-4　アナトリ・ティシチェンコ（別名クヴィチェンコ、ヂブローワ）

【出典】レーシャ・ジュラ氏蔵（1938年頃撮影）。

　ティシチェンコは、日本当局が自分を信頼せずに他のウクライナ人から完全に隔離していることに対してクペツィキーに不平を言った。また、電話回線や電信を構築する技術やソ連に関するすべての情報を頻繁に聞かれ、日本側に多くの資料を与えたと語った。また、機会があれば、ウクライナ人の社会的、文化的および政治的活動に参加したいことなどを3時間にわたり話し、クペツィキーはティシチェンコに非常にいい印象を持った。

　ティシチェンコはクヴィチェンコという姓も使っており、その経歴に謎が多い。1938年に関東軍参謀部が作成した『入蘇入満調査』によれば、「ティシェンコ・アナトリー・ペトロウィチ」は1937年4月13日に黒河省奇克県から入満した。理由は「粛清事件に連座し家族が連行せられしを以て危険を感じ」たためであった[25]。一方、白系露人事務局には1940年に「クヴィチェンコ」として登録されている[26]。クペツィキーによれば、ティシチェンコは、1944年に新

京・ハルビンで刊行された世界初の『ウクライナ・日本語辞典』の編纂者の一人「ヂブローワ」でもあった。その辞書の執筆者の中のタチアナ・クヴィチェンコが配偶者であり、ティシチェンコは、結婚した後は配偶者の姓クヴィチェンコを使っていたと思われる[27]。1941年10月29日にハルビンで撮影された写真では、ティシチェンコ改めクヴィチェンコは、満洲国の協和服を着用し、左胸にはウクライナの国章トルィーズブの記章を付けている。写真には、クヴィチェンコによって「良き同郷人アナトリより」とクペツィキーに対して裏書されており2人の深い関係が窺える（図3-5）。のちにクペツィキーとクヴィチェンコは、ハルビン生神女庇護教会（ウクライナ寺院）で、ミコラ・トゥルファニフ神父立ち会いの下、義兄弟の誓いを立てた[28]。

　以上のような経緯・経路で日本に到着し満洲に渡ったクペツィキーであったが、次項では彼が出会った日本人についてさらに見てみたい。

（2）クペツィキーと日本人

　表3-1は、『日出ずる処』を基に、クペツィキーが接触した日本人を年代順にまとめたものである。スヴィットの著作『日本とウクライナの相互関係1903－1945年』も日本人については姓のみ記載が多かったが、クペツィキーの回想録も同じで名前が書かれているものはなく、それぞれの日本人の詳細についてははっきりとしない。そのため確認できない場合は姓をカタカナで記載している。一方、その他の史料と照合して可能な限りで官姓名や所属を付記した。また、表3-2として、ハルビン特務機関の歴代ウクライナ担当者も分かっている範囲でまとめた。

　クペツィキーと関係があった日本人は、ほとんどがハルビン特務機関ないし日本当局関係者であった。ハルビン特務機関はウクライナ人対策の予算を確保していた。例えば、1935年に策定された「対蘇諜報機関強化計画」には、「白系露人操縦費」とならんで「ウクライナ操縦費」として月額400円あまりが計上されている[29]。その目的は「北満在住の〈ウクライナ〉人の謀略的価値向上を促進し蘇領内同民族との連絡法を確立し有事の日、反蘇運動を誘致し得る如く具体的案を研究せらる」ためであった[30]。

　ハルビン到着当初に、クペツィキーが最も関係が深かった日本人は「イノウ

図3-5　満洲国の協和服を着る
クヴィチェンコ（ティシチェンコ、ヂブローワ：左）と クペツィキー（右）

【出典】レーシャ・ジュラ氏蔵（1941年10月29日撮影）。

エ」であった。ハルビンに到着したクペツィキーらは、最初に接触した日本人の自宅で、イノウエを紹介された。イノウエはハルビン特務機関所属であると名乗り、クペツィキーらの担当者であることを告げた。イノウエはスヴィットの回想録にも登場し、前任の堀江一正からハルビン特務機関のウクライナ人担当を引き継いでいた[31]。スヴィットによれば、イノウエは「満洲国高等裁判所」勤務で、年齢は若く、ロシア語が非常にうまく、また自由主義を嫌い陸軍の皇道派に近い立場をとっていた。イノウエとスヴィットは荒木貞夫の武士道に関する著作の翻訳を行った[32]。1939年の『満洲国官史録』の中でハルビンの法務関係部門で「イノウエ」姓は1名のみであり、哈爾濱高等法院の翻訳官として井上喜久三郎の名前が見られる[33]。「関東軍情報部五十音人名簿」にも「ハルビン支部」所属で同姓同名の記載があり、井上と考えて間違いない[34]。1910年6月9日生でスヴィットと会っていた時期は27歳前後で、「若くロシア語が堪能」という記述とも合致する。同人名簿によれば1948年11月時点でシベリア

抑留中であった[35]。また1955年10月8日の『朝日新聞』には、野溝勝を団長とするソ連訪問国会議員団が「ハバロフスク戦犯収容所」を視察した際に、家族に「手紙を託した人たち」の中にも名前があり、長期抑留されていたことが分かる[36]。

　井上はクペツィキーらを自宅に招き妻を紹介し夕食を共にしながら、特務機関から毎月、手当として100円が支払われることを説明し、また翌日、ニコライ大聖堂の前で落ち合って、2年間有効の移民パスポートを手渡した。クペツィキーが記した井上とのやり取りは興味深い。井上はドイツのパスポートを渡すことも提案している[37]。クペツィキーと井上はコノヴァレツィが暗殺される1938年5月頃までは頻繁に連絡を取り合っていた。

　井上の次のハルビン特務機関ウクライナ担当は「アカキ」である。クペツィキーによればアカキはウクライナ人居留民会参与で、クペツィキーらOUNグループの直属の担当者であった。アカキとは、関東軍情報部第4班開設以来「身を以て要員養成、特殊移民並びに威力謀略等に参画した功労者」の赤木陽郎通訳官である[38]。先行研究などでは「アカキ少佐」として記載されることもあり、佐官待遇の軍属とされることもある[39]。赤木は「殊に白系工作員等から慕われていたが、終戦と共に敵の軍門に降るを潔しとせず[40]」、ハルビン特務機関の前で自決したと言われている[41]。「関東軍情報部五十音人名簿」には、1945年8月17日に戦死と記載されている[42]。赤木は、スヴィットの著作にも登場している。赤木はクペツィキーらOUNの方針に異を唱えることも、しばしばあった。1942年初頭にクペツィキーらがハルビンでOUN機関紙『スルマ』[43]のハルビン版を発行しようとしたところ、赤木に反対された。一方、赤木は白系露人事務局参与も務めており、クペツィキーらに同事務局との協力も促した。

　赤木は、ハルビンから20kmの地点にある難民を中心とした収容所にいるウクライナ人約500名の名簿を提供した[44]。1942年5月末、キャンプ近くの使われていない火葬場で、目立たぬようウクライナ系難民の面接を始めた。日本当局の表立っての目的は、ソ連側のエージェントではないかの確認をさせることであったが、赤木からは、彼らの世話をクペツィキーらに任せ、自由に使っていいと伝えられた[45]。

　クペツィキーの回想録からはハルビン特務機関、のちの関東軍情報部とOUN

グループの協力関係がどの時点で、どのように、またなぜ打ち切られたのかはっきりとしない。きっかけの一つは、「白系露人事務局の防衛組織」への参加を打診され、断ったことであった。日本当局は1942年後半からOUNとの協力を徐々に縮小し、赤木からの連絡も途絶えた。1945年8月、ソ連軍の満洲侵入後、混乱するハルビン市内のホテルのロビーで、白系露人事務局参与でハルビン特務機関のウクライナ担当のマエダと一緒にいた赤木と偶然に再会する。再会を喜ぶクペツィキーは1942年に、なぜハルビン特務機関はOUNとの協力を打ち切ったのか尋ねたが、赤木は答えられないと告げる一方、マエダは「勝利が来るまでウクライナのための闘いを続けてください」と言った[46]。

　ハルビン特務機関最後の担当者であった松坂は、ソビエト軍がハルビンに迫る中、クペツィキーの自宅を訪問した。金、貴金属、ルーブル紙幣、米ドル、英ポンドなどの外貨、アヘン、銃などの提供を約束し列車での脱出を支援した。クペツィキーは、これは秋草の決定か尋ねたが明確な答えはなかった。クペツィキーらのほか、白系露人事務局幹部なども乗ったハルビン特務機関が用意した特別列車は、新京を経由して天津へと到着した[47]。

　ハルビン特務機関の関係者で、クペツィキーに好意的であったのは「ハルビン警察外事担当主任」の「サワダ」である。これはハルビン警察庁警佐の澤田斌夫と考えていいだろう[48]。クペツィキーによれば、澤田は平均的な身長よりも小さいが体格が良く、非常に穏やかな丸い典型的な日本人の顔をしていた。絶えず笑顔で正確なロシア語を話した。ヴァシリフやファイダが一時所在不明になった際にも、澤田が機転を利かせて対応し、事なきを得ている[49]。また澤田からクペツィキーらが、当初は禁じられていたウクライナ語の書類や手紙を読むことができるようになったと告げられている。1939年初めから、クペツィキーは頻繁に澤田と会うようになり、澤田の「ウクライナ人居留民会全般と同様に、ウクライナ問題への関心」が衰えることはなかった。また、クペツィキーは、日本人がロシア人を信頼しすぎており、ロシア人は可能な限りその信頼を利用し、結局失望するだろうと述べたところ、その考えに反対はしなかった[50]。その夏、澤田は、横道河子地方警察学校へ校長として転勤することになり、クペツィキーに満洲国の警察官にならないかと提案した[51]。OUNの活動のためハルビンに残らないといけないと告げると、後任の外事担当者と白系ロシ

ア人に用心するように忠告した[52]。

表3-1 フリホリー・クペツィキーが関係した主な日本人一覧

名前	時期	クペツィキーの著作での説明	付記
鵜飼芳男	1937年	ウガイ。日本軍将軍。1937年、ウクライナ民族主義者組織グループを日本で出迎えた。	1937年時点は中佐。1940年大連特務機関長。近衛歩兵第1連隊長を経て、長野師団管区付で終戦。最終階級陸軍少将。東京裁判ではアタマン・セミョーノフについて供述。
秋草俊	1937〜45年	アキクサ。1937年日本到着時に私服で面会。クペツィキーがウクライナ語で話したのに対してロシア語で答える。1945年にハルビンに戻ってから、ウクライナ人居留民会への対応も和らぐ。	1933-36年ハルビン特務機関勤務。1937年時点では陸軍省兵務課付で後方要員養成所（のちの陸軍中野学校）の開設を準備。1945年にハルビン特務機関長として終戦。モスクワへ連行後、過酷な尋問を受け1949年死亡。最終階級陸軍少将。
寺内寿一	1937年11月	元帥、元陸軍大臣。来日時、山王ホテルで鵜飼・秋草によって開催された宴席に突然参加。ドイツ語で乾杯の音頭をとる。	伯爵、元帥、陸軍大臣（1936年3月〜37年2月）。太平洋戦争では南方軍総司令官。1946年、勾留中に死亡。
ヨシダ	1937年11月	ハルビンで鵜飼がクペツィキーらに会った際に同席。	
ヤマグチ	1937年	日本滞在時に面会。将軍。	現役の将官（待命含む）とすると、山口三郎?山口鹿太郎?山口直人?ただしいずれの経歴にも特務機関との接点は薄いので、将官ではなかったなどクペツィキーの記憶違いの可能性がある。
井上喜久三郎	1937〜38年	イノウエ。ハルビン特務機関顧問。ウクライナ担当。非常に頭がよく、ロシア語を教えてもらい、毎回会うのが楽しかった。	スヴィットによればハルビン特務機関顧問で、K・ホリエが後任としてウクライナ担当に任命。年齢が若くロシア語が堪能で、満洲国高等法院勤務。『満洲国官吏録』には「哈爾濱高等法院翻訳官」として井上喜久三郎の名前がある。また、「関東軍情報部五十音人名

名前	時期	クペツィキーの著作での説明	付記
			簿」にも「ハルピン支部」所属で同姓同名の記載があり、井上と考えて間違いない。1910年6月9日生でスヴィットと会っていた時期は27歳前後で、その記述とも一致する。1955年10月時点でハバロフスクに抑留中。
マエダ	1937～38年頃、1945年	マエダ。井上と一緒にハルビン特務機関でウクライナ担当。白系露人事務局参与も務め、ウクライナ民族主義者にあまり好意的でなかった。1945年8月、赤木とともにいたハルビン市内のホテルのロビーにいたマエダと再会し、激励を受ける。	スヴィットの著作では、マエダはクペツィキーらOUNグループを支援したとされている。白系指導を担当していた前田瑞穂ともイメージが重なるが、終戦前後にハルビン市内にいることができたかは分からない。前田は1945年6月頃までハルビン露語教育隊（関東軍直轄語学教育隊：345部隊）の部隊長であったが、記録上は、終戦時、根こそぎ動員で編成され第136師団の第371連隊長の任にあり、部隊は本渓湖で編成中であった。事件記者の三田和夫によれば、前田は戦後、GHQ参謀第2部やCIC（対敵諜報部）の下、「園木」の偽名で対ソ諜報活動に従事した。一方、その他の特務機関ウクライナ担当が民間人や軍属であったのに対して、エリート軍人であったのはいささか不自然ではある。なお、「関東軍情報部五十音人名簿」の前田姓は、前田重治（工兵上等兵）、前田義晴（雇人）、前田正重（軍曹、ハルビン本部2班、牡丹江支部）、前田能長（歩兵、黒河支部）、前田三郎（軍属、ハルビン本部）、前田弘之（歩兵少尉、東安支部）、前田健太郎（軍属、ハルビン本部）、前田陽穂（歩兵大佐：前田瑞穂の誤記と思われる）。
山岡道武	1938年4月～？	イノウエ、マエダの上官。元リトアニアまたはフィンランド大使館勤務経験あり。ハルビンでの日本の特務機関の高官。井上	当時、関東軍参謀部第2課参謀。参謀本部ロシア課長、駐ソ大使館付武官を経て、第一軍参謀長で終戦。国民党に協力するため第一軍将兵の山西残留事件に関与。戦後

名前	時期	クペツィキーの著作での説明	付記
		宅で、コルダ＝フェドリフ、クペツィキーらと会談。顔から賢く経験豊富な印象を受け、非常にエネルギッシュだった。流暢なロシア語を話した。	は、国会で同事件について証言した。雑誌にソ連情勢について記事を寄稿した。戦後は静岡県在住。
赤木陽郎	1940〜42年、45年	アカギ。ウクライナ人居留民会顧問。クペツィキーら OUN グループの直属の担当者。1941年初頭の『スルマ』の発行に反対。白系ロシア人も担当しており、クペツィキーらに協力も促す。	関東軍情報部第4班（要員養成、特殊移民ならびに威力謀略担当）所属の通訳官。佐官待遇の軍属。白系工作員に慕われるも終戦後、ハルビン特務機関正面玄関口で自決したとも言われる。「関東軍情報部五十音人名簿」には1945年8月17日戦死と記載。スヴィットの著作にも登場している。1909年12月20日生。
澤田斌夫	1938〜40年夏	サワダ。ハルビン警察の外事担当主任。クペツィキーらに非常に好意的。白系ロシア人に用心するように忠告。平均的な身長よりも小さいが体格が良く、非常に穏やかな丸い典型的な日本人の顔をしていた。絶えず笑顔で正確なロシア語を話した。マエダと関係を深めるように助言。1939年夏頃、横道河子地方警察学校へ校長として転勤。	ハルビン警察庁警佐、のちに濱江省地方警察学校警佐。
タカシ		ハルビン特務機関関係者。一緒に釣りや映画に出かける仲。	
タカハシ		ハルビン特務機関関係者。	
松坂與太郎	1944〜45年	マツザカ。赤木の後任のウクライナ担当。ウクライナ人居留民会参与。1945年8月、クペツィキーらに、金、貴金属、ルーブル紙幣、米ドル、英	「関東軍情報部五十音人名簿」でマツザカ姓は「（ハルビン）本部防諜班」所属の軍属であった松坂與太郎（1900年1月28日生）のみであるため、この人物であると考えられる。1949年11月時点でハバ

66

名前	時期	クペツィキーの著作での説明	付記
		ポンドなどの外貨、アヘン、銃などの提供を約束し（ただし銃は届かず）、特別列車での脱出を支援。	ロフスクに抑留中。なお、スヴィットはマエダの同僚として「マツバラ」と記載している。「関東軍情報部五十音人名簿」で松原姓は「松原貞男」1名のみ見られるが「教育隊、歩兵一（1等兵の意味）」と記載されているため該当しない。スヴィットの誤記と思われる。

【出典】クペツィキー、スヴィットの著作、「関東軍情報部五十音人名簿」、『満洲国官吏録』など各史料を参照して作成。

表3-2　ハルビン特務機関の歴代ウクライナ担当者

	担当者氏名	直属上官	クペツィキーの記述
1920年代～37年頃	堀江一正	不明	なし（スヴィットの記述は多い。元陸軍将校、満鉄哈爾賓事務所勤務、満洲国外交部職員）。
1937～38年頃	井上喜久三郎	山岡道武	ハルビン特務機関顧問。ウクライナ担当（スヴィットによれば満洲国高等法院勤務）。
1937～38年頃	マエダ（前田瑞穂?）	山岡道武	ハルビン特務機関顧問、白系露人事務局顧問（スヴィットによればハルビン特務機関のウクライナ担当）。
1938～42、45年	赤木陽郎	山岡道武?	ウクライナ人居留民会顧問、白系露人事務局顧問。
1944～45年	松坂與太郎	秋草俊	ウクライナ人居留民会顧問。

【出典】クペツィキー、スヴィットの著作、各史料を参照して作成。

クペツィキーらOUNグループを統括する責任者は、小野内寛らと満洲国軍の白系ロシア人部隊「浅野部隊」の創設にも関与した山岡道武であった（図3-6）。クペツィキーらがハルビンに来た時、山岡は、ソ連情報を担当する関東軍参謀部第2課参謀（情報主任参謀）であった[53]。山岡のクペツィキーらに接する態度は時に厳しいものであった。1939年6月上旬、ハルビン特務機関まで呼び出されたクペツィキーらに対し、山岡は以下のような書類を読み上げた。

　　我々の大きな期待に反して、貴殿らは最初に我々の間で定められた取り決めに違反した。
　一、貴殿らは我々が示す精神を出版資料として書く事に従わない。
　二、貴殿らは、白系ロシア人が反ソ闘争に加わっていることを知りながら、彼らを攻撃した。
　三、ソビエト崩壊に貢献するすべての人に、我々がそれを与えることができないことをよく知っているにもかかわらず、ソビエト連邦崩壊後のウクライナ人に対する一定の保証を求める。
　四、反ソビエトの前線に立つ他のナショナリスト、つまりロシア人と協力したくない。
　五、OUN指導部は貴殿らを我々が自由に使えるようにした。一方、貴殿らは我々に従いたくない。

　山岡は、読み上げたあと、クペツィキーらがその立場を維持し続けるならば、それは日本とOUNの間の合意の破綻、つまり裏切りとみなされると強く警告した[54]。
　山岡の態度に代表されるように、クペツィキーらウクライナ民族主義者組織グループとハルビン特務機関の関係は絶えず良好であったとは言えない。同機関の思惑は、ウクライナ人居留民会だけではなく、ウクライナ民族主義者組織を白系露人事務局に協力させて運用しようと考えていたように思われる[55]。一方、クペツィキーらは、満洲の地でウクライナ・ディアスポラと連帯して、単独で反ソ活動や独立運動を展開できると考えていた。その思惑は、日本人だけではなく、一部のハルビンのウクライナ人とも異なるものであった。次項では、

図3-6　山岡道武

【出典】古澤隆彦氏蔵（古澤陽子氏提供、1934年10月29日、東京で撮影）。

交錯する彼らの関係について見てみたい。

（3）OUN・在満ウクライナ人・日本当局の関係

　ハルビンの日本当局や満洲国外交部では1936年には、ウクライナ情勢にくわえて、在満のウクライナ人について調査を行い、詳細なレポートを作成していた。それによれば、ハルビンのウクライナ人は、ウクライナ民族の家を中心に、ウクライナ人居留民会、ウクライナ移民連盟などさまざまな団体が活動を行っていたが、ウクライナ独立派、帝政ロシア復興派などに分かれて内部対立が深まっていた[56]。またスコロパツィキー政権のウクライナ国で内務次官、郵政局長（閣僚）を歴任したが、ハルビンに亡命したのちは親ロシアに転じるヴィクトル・クリャブコ＝コレツキーがウクライナ人居留民会の副代表となり、主導権を握ろうと試みていた[57]。その最中に、ハルビンにやってきたのがクペツィ

キーらOUNグループであった。スヴィットは、1935年に「極東に来たOUN
メンバーのルコベンコとフェドリフは、極東で活躍するウクライナ人との相互
理解を求めず、彼らをコントロールしたかっただけで、誤解を招いた」と書い
ている[58]。

　クペツィキーの回想録には、スヴィットについて『満洲通信』の「元編集者」
であるとともに「ウクライナ国民（人民）共和国支持者（уенерівець）」と評さ
れている。また、スヴィットとの個人的な関係についてはほとんど記載がない。
一方、スヴィットの手記に「クペツィキー」としては全く登場せず、偽名の「マ
ルキフ」として記載されている。クペツィキーによれば、スヴィットは「民族
主義者がいなくなったら戦うことができず、すべてが崩壊するので、民族主義
者と協力」したが、一方で「ハルビンのウクライナ国民（人民）共和国支持者
からウクライナ民族の家を乗っ取った民族主義者への憎しみを心の中で育んだ」
のであった[59]。このクペツィキーのスヴィット評からは、ハルビンにおけるOUN
関係者とウクライナ国民（人民）共和国支持者との間でさまざまな思惑が交錯
し、微妙な関係であったことが伝わってくる。

　クペツィキーは比較的、日本当局と良好な関係を続けていたが、ファイダと
フナティフは想像していたような活動ができないと分かると別々に行動するよ
うになり、フナティフはハルビンを去り上海に向かった。1937年初頭にウクラ
イナ青年連盟などが改組する形でウクライナ極東シーチが設立された。ボクシ
ングやサッカー等のスポーツ・クラブ、合唱、ウクライナ語教室、舞踏会、ピ
クニックの開催など、その活動は多岐に及び、ウクライナ人居留民会の行事に
も積極的に参加した（図3-7）。1938年6月にクペツィキーが加入してからは、
ウクライナ独立と対ソ闘争を目的として軍事訓練が始まった。同年11月にクペ
ツィキーが代表に選出された。一方、クペツィキーは、ウクライナ人居留民会
の合唱団に参加し、その代表となり、ウクライナ文化の普及活動に務めた[60]。

　OUN、ウクライナ人居留民会の両方の活動はさらに活発化し、1939年5月
にコノヴァレツィの追悼コンサートを開催したほか、コノヴァレツィとシモン・
ペトリューラの肖像や反ボルシェビキのスローガンの入った2つのリーフレッ
トを発行し、ハルビン市内で配布した[61]。一方、OUN内部でもクペツィキーと
ロマン・コルダ＝フェドリフ（ミハイロ・ザティナイコ）が路線を巡って対立し、

図3-7　ウクライナ人居留民会のピクニック

【出典】レーシャ・ジュラ氏蔵（1939年撮影、2列目左から2番目がクペツィキー、3番目は妻のタマラ）。

　またクペツィキーとウクライナ人居留民会評議会のマルチーシンが対立した。いったんはウクライナ人居留民会評議会がクペツィキーをシーチの代表から解任したが、シーチ側は決定に従わなかった。結果、フェドリフが退任することとなり、クペツィキーらはウクライナ語のチラシの作成、配布を再開した[(62)]。

　それらの動きに対して1939年6月頃から日本当局は圧力をかけはじめ、1939年8月10日に、シーチのメンバーの会議が行われ50人以上の参加者が集まった際、全員ロシア人の満洲警察がやってきて、出席者を解散させた後に部屋を施錠した。また、同月に計画されていたウクライナ人居留民会の総会が開催されないことが判明した。総会を開催する許可はマエダが出したが、「上級当局」はそのような許可について何も知らされていなかったようであった[(63)]。12月にはクペツィキーがシーチの代表でいることが許されず、その活動も合唱や舞台といった文化活動に限られた。しかし、1940年5月21日、現地警察の命令によっ

て、シーチは違法活動を行っている組織として解散させられた。一部のメンバーは、その後も非公式に活動を続けた[64]。クペツィキーは1940年9月初旬に白系ロシア人の警察官によって召喚され、8日間拘束されたが、外事担当のサカイから「警察に反抗している印象があったが、それはロシア人に対してのみと分かった」と告げられ釈放された[65]。

　クペツィキーは1939年中頃から、ウクライナ人のシライが経営するタクシー会社で運転手として働き始め生計を立てる一方（図3-8）[66]、1942年にはOUN機

図3-8　タクシー運転手時代のクペツィキー（前列右）

【出典】レーシャ・ジュラ氏蔵。

関紙『スルマ』の出版を試みたが、赤木の反対で継続されなかった。1944年4月には、クペツィキーはウクライナ人居留民会評議会の書記に選出されたが、日本当局とは以前のような目立った協力はないまま終戦の日を迎えるのである。

4　むすび

本章では、日本やハルビンにおけるウクライナ民族主義者グループとハルビン特務機関との関係を未公開の写真も用いて検討した。最後に、その後のクペツィキーと、OUNと日本当局についてもう一度整理し本章を終えたい。

ハルビンを脱出したクペツィキーは天津に到着し、その後、上海に向かった。上海では1947年冬から、アメリカ軍憲兵隊の補助員や連合国復興救済機関UNRRAの警備員としても働く一方（図3-9）、ウクライナ蜂起軍UPAやOUNの在外組織の幹部であったミコラ・レベドと連絡を取ることに成功し、UPAを支援するための集会を開催した[67]。1948年1月4日、クペツィキーはサンフランシスコ経由でカナダに向けて出発した[68]。1948年春に、カナダのサスカチュワンに到着し、同年夏からトロントに住んだ（図3-10）。1974年まで州の郵便局で働いた。また、出版社「Homin Ukrainy（Ukrainian Echo)」を共同設立し、ウクライナのボーイスカウト運動プラストと青年組織SUM（CYM）の幹部も務めるなどウクライナ系の活動に積極的に参加した。回想録『日出ずる処』は1957年2月3日に書き終えているが、1988年になって出版された[69]。その中でクペツィキーが記した日本人の名前はほとんど姓のみの記載で大半が身元不明であったが、満洲国の『官吏録』や関東軍情報部の名簿などを用いて分析したところ、多くの官姓名が分かった。クペツィキーやスヴィットが「イノウエ」と記載した人物が井上喜久三郎と一致したことからは、彼らの手記における日本人に関する記述が正確であることも裏付けられた。

クペツィキーの回想録から伝わってくるのは、OUNとウクライナ国民（人民）共和国支持者が主導権を握っていたウクライナ民族の家・ウクライナ人居留民会との関係は、ときに緊張をはらむものであったことである。クペツィキーらのハルビン到着は、それまでウクライナ独立派と帝政ロシア復興派などの間で内紛が激化していた時期でもある。彼らのハルビン到着はウクライナ人居

留民会やウクライナ民族の家の運営にも影響を与えた。

　また、回想録からは、満洲国や日本の当局、とくにハルビン特務機関の関係者の中でもウクライナ民族主義者グループへの評価が、個人や時期によって分かれていたことが窺える。白系ロシア人やロシア・ファシスト党を重用する立場からすると、ポーランド政治家の暗殺やホロドク郵便局襲撃事件にも参加した彼らは、反ロシアの「過激派」であった。当初、彼らの受け入れを担当した鵜飼にくわえ、赤木、井上、澤田らはクペツィキーに理解や個人的な友情を示す一方、直接の担当者であった赤木ですら、ときにハルビン特務機関との軋轢を恐れて、クペツィキーらの反ロシア姿勢に異議を唱えることもあった。

　スヴィットは「1936年半ばに、日本の政治の緩やかな変化は、ほとんど目に見えず起こった。ハルビンでも…日常生活や現実との闘いの中でそれらを感じていた…日本の政策が満洲で変わりつつある雰囲気の中で、OUNメンバーはハルビンで活動を始めた…日本人がそれについて彼らに話さなかったので…彼らが真の地元の政治情勢を知らなかったのは驚くことではない」と述べている[70]。対米戦争の可能性が高まる中、日ソ中立条約も締結され、日本当局はハルビンでもソ連を刺激する活動を制限するようになった。当初の歓迎ムードから42年頃の支援の打ち切りといった激動の世界情勢に呼応するかのように目まぐるしく変化する日本当局の態度に対し、クペツィキー自身、その理由が最後まで分からないままであった。

　クペツィキーは、ウクライナ極東シーチを中心にウクライナ人居留民会やウクライナ民族の家の活動に積極的に参加した。とくに合唱や演劇を通じた活動は、OUNを警戒するウクライナ人の心を和らげるのに一役買った。しかし、ウクライナ民族主義者組織とハルビン特務機関などの日本当局との協力については、ふたたび深まることはなかった。

　両者の距離が最も近づいたのは、1945年8月13日、ソ連軍が迫る中、クペツィキーらが特務機関の用意した特別列車でハルビンを脱出する直前であったのかもしれない。ハルビン特務機関最後のウクライナ担当者であった松坂は、自分は他の日本人と共に残留する旨を告げ、「なぜ今あなたを救おうとしているのか、一つだけ理由をお話できます。あなたがウクライナ民族主義を選んでからの一貫性と不屈さ、意志の堅さ、そして目標へと向かって真っ直ぐな道を歩ん

図3-9　上海のクペツィキー（右から3番目）

【出典】レーシャ・ジュラ氏蔵。

図3-10　カナダでのクペツィキー（右から3番目）

【出典】レーシャ・ジュラ氏蔵（1948年頃）。

できたからです。もしあなたが日本人だったら、おそらくサムライの出身でしょう」と涙ながらに語った。初めて涙する日本人を見たクペツィキーは、ウクライナ・コサックの習慣に従って3回抱擁したのち、「命を救ってくれてありがとう。日本よ、永遠なれ、バンザイ・ニッポン!」と叫んだのであった[71]。

注

※フリホリー・クペツィキーの子女レーシャ・ジュラ氏には未公開の写真を含めた史料や情報をご提供いただいた。ここに記して感謝申し上げたい。

（1）　2019年に短編の再現ドキュメンタリー映画『不屈』（ミハイロ・フレディリ監督作品）、2020年には長編映画『Екс（襲撃）』（セルヒー・リセンコ監督作品）が公開されている。

（2）　戦後のOUNと西側情報機関との関係については以下が詳しい。Ruffner, Kevin C., 'Cold War Allies: The Origins of CIA's Relationship with Ukrainian. Nationalists', Studies in Intelligence, Washington, 1998 (Series: Second Release of Subject Files Under the Nazi War Crimes and Japanese Imperial Government Disclosure Acts, ca. 1981 - ca. 2003. Record Group 263: Records of the Central Intelligence Agency, 1894 – 2002, National Archives and Records Administration. URL: https://catalog.archives.gov/id/19074319　最終閲覧日：2021年8月13日）。

（3）　鈴木『駐独大使大島浩』92〜93頁。レヴェント『日本の〝中央ユーラシア〟政策—トゥーラン主義運動とイスラーム政策—』212頁。また大島は駐独大使就任後に、ドイツに亡命中であったウクライナ国ヘーチマンのパウロ・スコロパツィキーとも連絡を取っていた。田嶋『日本陸軍の対ソ謀略—日独防共協定とユーラシア政策』156〜157頁。

（4）　Sych, O., 'Japan in the Liberation Concept of the OUN in the Postwar Period', Kobe Gakuin Economic Papers, 2015, p.11.

（5）　Посівнич M, Українська національна колонія в Манджурії у 1920 – 1945 рр. // Наукові записки [Національного університету «Острозька академія»]. Історичні науки. - 2010. - Вип. 15. - С. 43-54.

（6）　黒川『物語　ウクライナの歴史』218〜220頁。

（7）　Мірчук П. Нарис історії Організації Українських Націоналістів. Перший том. 1920-1939 // За редакцією С. Ленкавського. Українське видавництво. Мюнхен - Лондон - Нью-Йорк, 1968. - 640 с.

（8）　なお、ジュラは、クペツィキーの母クセニア・クペツィカの旧姓である（レーシャ・ジュラ氏より聞き取り）。

（9）　Купецький Г. Там де сонце сходить. Спогади бойовика ОУН на Далекому

Сході // Торонто, 1988. – 498 с.

（10）　Світ І. Українсько-японські взаємини 1903–1945 (Історичний аналіз і спостереження) // Іван Світ. – Нью-Йорк : Українське історичне товариство, 1972. –371 с. – (Серія: Мемуаристика, ч. 3).

（11）　Мірчук, П. Нарис історії Організації Українських Націоналістів. Перший том. 1920-1939 ... – С.301– 304.

（12）　Там само. С. 301-304.

（13）　Купецький Г. Там де сонце сходить... – С. 15-20.

（14）　極東のOUN活動家。1930年代初頭、彼はブルノ（チェコスロバキア、現チェコ）のOUN支部長であったが1934年にイギリスを経由してオランダへ活動の場を移し、1936年からハルビンに来た。チューリン商会のトラック運転手として働きながら、ウクライナ人居留民会で活発に活動した。1942年5月からはクペツィキーやファイダとともにハルビン近郊の難民キャンプのウクライナ人に対する活動を行った。1945年ソ連の満洲侵入後も逮捕を逃れ、1954年に彼は香港経由でウルグアイに渡った。Чорномаз. В. Українці в Китаї (перша половина ХХ ст.) : енциклопедичний довідник // Укл. В. А. Чорномаз. – Одеса, Видавничий дім «Гельветика», 2021. – С. 449–450.

（15）　1909年スタニスラウ（現イヴァノフランキウシク州）生まれで極東のOUNの活動家。コノヴァレツィによって満洲に送られ、1936年6月にベルリンからハルビンに到着した。英国市民権を持っていた。1937年から39年にかけてウクライナ人居留民会の要職を歴任した。1937年からは極東シーチでの軍事訓練も行った。シーチの機関紙『極東ナショナリスト』の共同編集者でもあった。その後、シーチ内の路線対立から1940年代初頭には上海に移った。そこでもウクライナ人社会で活動を続け、1941年7月に発行が始まった英字紙新聞「The Call of the Ukraine」の創刊号に記事を書いた。1952年5月4日に逮捕され、ソ連に強制送還され同年6月20日、彼はスパイ活動と「ハルビンの反ソビエト組織ウクライナ極東シーチ」の創設の罪でモスクワ軍管区軍事法廷から死刑判決を受け同年8月26日にモスクワで銃殺された。2001年3月14日に、ロシア連邦検察庁によって名誉回復された。Чорномаз. В. Українці в Китаю (перша половина ХХ ст.) ...– С. 106–108.

（16）　Купецький Г. Там де сонце сходить...– С. 21. Світ І. Українсько-японські взаємини 1903–1945... – С. 200.

（17）　Там само. С. 22. 1946年4月11日、モスクワで行われたロシア・ファシスト党首コンスタンティン・ロザエフスキーの尋問記録によれば、ハルビン特務機関によりロシア・ファシスト党のリーダーであったマスラコフ・マトベイ・プラトノヴィチ指導下の特別隊が編成され、ソ連への越境、偵察、テロ活動が行われていた。JACAR（アジア歴史資料センター）「A級極東国際軍事裁判記録（和文）（No. 29）」A08071279500（第4、8～11画像）平11法務02068100（所蔵館：国立公文書館）。

（18）　Купецький Г. Там де сонце сходить... – С. 89–90.

（19）　Там само. С. 96–100.

（20）　『帝国陸軍将軍総覧』秋田書店、1990年、440頁。山本武利『陸軍中野学校：「秘

密工作員」養成機関の実像』筑摩選書、2017年、42〜53頁。斎藤充功『日本のスパイ王：陸軍中野学校創設者・秋草俊少将の真実』GAKKEN、2016年、26頁。なお、ハルビン特務機関は、1940年より改組され関東軍情報部となるが、改組後も旧名で呼称されることが多かった。本章では特に説明が必要な場合を除き、ハルビン特務機関と記載した。

(21) Купецький Г. Там де сонце сходить... – С. 108–110.

(22) Там само. С. 112.

(23) Там само. С.111.

(24) Там само. С. 137–142.

(25) 関東軍参謀部「入蘇入満調査」（1938年）、栗屋憲太郎、竹内桂編『対ソ情報戦資料第2巻：関東軍関係資料（2）』、現代資料出版、1999年、117頁。

(26) Chashchin, K., Russians in China. Genealogical index (1926-1946), South Eastern Publishers Inc 2014, p. 346.

(27) 『ウクライナ・日本語辞典』の言語学的な分析については以下を参照。Малахова Ю. Структура словникових статей першого українсько-японського словника Анатолія Діброви та Василя Одинця // Вісн. Київ. нац. ун-ту імені Тараса Шевченка (Східні мови та літератури). – К. : ВПЦ «Київський університет», 2014. – Вип. 1 (20). – С. 25–28. 日野貴夫、I. P. ボンダレンコ「『ウクライナ・日本語辞典』の半世紀」『外国語教育：理論と実践』20号、1994年。クペツィキーもティシチェンコがウクライナ人女性と結婚後、クヴィチェンコと名乗ったと記している。Купецький Г. Там де сонце сходить... – С. 265–268.

(28) Купецький Г. Там де сонце сходить... – С. 266.

(29) 「対蘇諜報機関強化計画」（1935年）、栗屋憲太郎、竹内桂編『対ソ情報戦資料第1巻：関東軍関係資料（1）』現代資料出版、1999年、462頁。

(30) 「陸満密大日記（昭和10年）」、栗屋、竹内編『対ソ情報戦資料第1巻：関東軍関係資料（1）』436頁。

(31) Світ І. Українсько-японські взаємини 1903–1945... – С. 222.

(32) なお、スヴィットによれば翻訳は未完・未刊であった。

(33) 満洲国国務院総務庁編『満洲国官史録：康徳6年4月1日現在』1939年、186頁。なお拙著『日本・ウクライナ交流史1915–1937年』執筆時点では発見できていなかったため「イノウエ」とのみ記載した。

(34) 「留守名簿／関東軍情報部五十音人名簿／721」国立公文書館、平25厚労0157610 0、11頁。この名簿を使用した研究としては山本武利の中野学校に関する優れた研究がある。この名簿は1945年7月頃作成の外地にあった部隊の軍人・軍属の記録である留守名簿を基に、第一引揚局と引揚援護局が、関東軍情報部全員の終戦以降の消息を書き加えたもので3113名の名前がある（山本武利「関東軍情報部と陸軍中野学校の関係―公開された「関東軍情報部五十音人名簿」と引揚者「身上申告書」の分析」諜報研究会 2017/9/30報告資料 URL: http://www.npointelligence.com /NPO-Intelligence/study/pic2003.pdf　最終閲覧日：2021年4月24日）。

(35) 井上は、表面上は、哈爾濱高等法院の翻訳官であったが、関東軍情報部（ハルビ

ン特務機関）の名簿にも記載されている。兵種・階級欄はともに空欄である。この事例は、満洲における日本の諜報活動の実態を見る上で非常に興味深い。

(36) 「ソ連抑留者の遺品など還る／議員団に抱かれて／あす、日赤病院で報告会」『朝日新聞』1955年10月8日7面。

(37) Купецький Г. Там де сонце сходить... – C. 162.

(38) 西原征夫『全記録ハルビン特務機関：関東軍情報部の軌跡』毎日新聞社、1980年、177頁。

(39) John. J. Stephan, The Russian Fascists: Tragedy and Farce in Exile, 1925-1945, New York: Harper & Row, 1978, pp. 329-330. 斎藤充功『日本のスパイ王：陸軍中野学校の創設者・秋草俊少将の真実』175頁。なお白系露人事務局の参与でもあった。

(40) 西原『全記録ハルビン特務機関』177頁。

(41) 川原衛門『関東軍謀略部隊』プレス東京、1970年、149頁。

(42) 「関東軍情報部五十音人名簿」国立公文書館、4頁。

(43) 『スルマ』は、UVOとOUN機関紙で、1927年1月1日から、主に1927年から1928年にかけてはベルリンで、1928年から1934年にはカウナスで発行された。ウクライナでは違法に配布され、発行部数は約10000部であった。Архів ОУН (The Ukrainian Information Service, URL: http://ounuis.info/library/newspapers/630/surma.html 最終閲覧日：2021年5月23日）。

(44) 哈爾濱保護院と思われる。西原『全記録ハルビン特務機関』243～247頁。1942年6月頃の院長は前田瑞穂であった。同244頁。中野校友会編『陸軍中野学校』原書房、1978年、200頁。

(45) Купецький Г. Там де сонце сходить... – C. 316.

(46) Там само. C. 393-394.

(47) スヴィットによれば、この列車はハルビン特務機関によって関係者の脱出用に用意されたが、多くのウクライナ人は途中でソ連軍に捕まるのを恐れて乗らなかった。また、ハルビンを出発したのは8月13日13時頃であった。一方、川原衛門の著作では、特務機関が満鉄に交渉して特別列車を編成させ、兵2名を同乗させて、ハルビン駅を出発したのは8月12日13時頃となっている。Світ I. Українсько-японські взаємини 1903–1945... – C. 350. 川原『関東軍謀略部隊』144頁。

(48) 満洲国国務院総務庁編『満洲国官吏録：康徳5年4月1日現在』1939年、351頁。

(49) Купецький Г. Там де сонце сходить... – C. 218–219.

(50) Там само. C. 248.

(51) 横道河子地方警察学校の前身は露人森林警察隊であり、その他に牡丹江省、濱江省、三江省にわたり9隊が置かれ、各隊30～40名、隊長は警佐があたり、匪賊討伐、ケシ栽培取締りを任務としていた。その後、浅野部隊や在満白系露人部隊などに形を変え終戦を迎えたという。西原『全記録ハルビン特務機関』276頁。

(52) Купецький Г. Там де сонце сходить... – C. 252.

(53) 西原『全記録ハルビン特務機関』178頁。山岡道武「ジューコフ国防相」『人物往来』4巻4号、1955年、33頁。

（54） Купецький Г. Там де сонце сходить…– С. 196.

（55） 白系露人事務局長の諮問会議としてウクライナ人、ユダヤ人、トルコタタール人、アルメニア人、グルジア人の「民族会議」が設置されていた。西原『全記録ハルビン特務機関』210頁。

（56） 岡部芳彦『日本・ウクライナ交流史1915 –1937年』神戸学院大学出版会、2021年、第3章を参照。

（57） ヴィクトル・クリャブコ＝コレツキーはハルビンでは聖ウラジーミル大学、北満学院で工学部長等を務め、その後、白系露人事務局設立後は、ウクライナ系住民の同事務局への登録を促すなど全面的に協力した。1940年にはハルビン特務機関によってウクライナ民族の家代表、ウクライナ人居留民会議長に任命されている。クペツィキーは、クリャブコ＝コレツキーを「小ロシア人」と記している。Попок А. А. Кулябко-Корецький Віктор // Енциклопедія історії України : у 10 т. / редкол. : В. А. Смолій (голова) та ін. ; Інститут історії України НАН України. – К. : Наук. думка, 2009. –Т. 5 : Кон – Кю. – С. 492.

（58） Світ І. Українсько-японські взаємини 1903–1945… – С. 198.

（59） Купецький Г. Там де сонце сходить… – С. 460.

（60） Там само. С. 208.

（61） Там само. С .254.

（62） Чорномаз. В.Українці в Китаю (перша половина ХХ ст.) …– С. 317.

（63） Світ І. Українсько-японські взаємини 1903–1945… – С. 288.

（64） Чорномаз. В.Українці в Китаю (перша половина ХХ ст.) …– С. 317-318.

（65） Купецький Г. Там де сонце сходить… – С.268 –278. 　なお、サカイはハルビン警察庁警尉の酒井種八と思われる。国務院総務庁人事処編『満洲国官吏録：康徳6年4月1日現在』明文社、1939年、599頁。

（66） タクシー会社の経営者はШирай Павел Семеновичと思われる。クペツィキーによれば、ウクライナ語を少ししか知らないウクライナ人で、車は5台、整備士が3人で、小さな車の修理用施設もあった。Купецький Г. Там де сонце сходить… – С. 256. Chashchin, Russians in China. Genealogical index (1926-1946), p. 894.

（67） Купецький Г. Там де сонце сходить… – С. 459 – 463.

（68） Там само. С. 469. 　横浜を経由したが上陸はしていない。

（69） Чорномаз. В.Українці в Китаю (перша половина ХХ ст.) …– С. 115.

（70） Світ І. Українсько-японські взаємини 1903–1945… – С. 200.

（71） Купецький Г. Там де сонце сходить… – С. 387.

第Ⅱ部　　**邂　逅**

第4章　〈ウクライナに於いて ドイツ軍の捕虜となりたる日本人〉
──ケーニヒスベルクの織田寅之助と高島與五蔵──

1　はじめに──「高島職員」の謎──

　1945年1月、差し迫るソ連軍を前にドイツのケーニヒスベルク(現ロシア連邦・カリーニングラード)総領事の事務代理であった織田寅之助副領事は職員4名とともに領事館に籠城することを決めた。その顛末については、1945年5月1日の朝日新聞に次の記事が掲載されている。

　　廃墟に日の丸翻し
　　弾雨下、死の籠城
　　　ケーニヒスベルグ駐在織田副領事に聴く
　　【満洲里にて楠特派員二十九日発】昭和十五年十一月以来外交官としてドイツケーニヒスベルグの帝国総領事館に在り東部戦線をはじめ欧州戦の実情を具に見聞し、特に去る四月ケーニヒスベルグ陥落の前後において鮮烈なる砲爆撃下に身を挺し、独ソの攻防戦を体験しつつ決死の覚悟で日本外交官として事務を処理し、全く奇跡的に難を免れ赤軍ケーニヒスベルグ入城とともにモスクワに送られ、去る二十日モスクワ発帰国の途についたケーニヒスベルグ駐在日本総領事館副領事織田寅之助氏は二十九日午後無事満洲里に到着した。同氏はケーニヒスベルグ籠城中の有様を中心に左のごとく語った[1]。

　籠城の経緯については、戦時中であるもののドイツの敗戦が確定的であったためか、客観的に、また詳細に書かれている。記事によれば、織田は「高島職員と独人職員3名」と総領事館で籠城することに決めた。しかし、この「高島職員」は名字のみで名前の記載はない[2]。またその後、織田とともに、日本に帰国したのかは書かれていない。この高島こそ、数奇な運命を生きてウクライナ

の地にたどり着いた日本人であった。

　織田寅之助は、1902年生まれ、神戸郵便局通信書記補、通信書記を経て、1922年に外務省に通信書記として入省した。同年に外務書記生試験並外務省留学生試験に合格しポーランドのワルシャワに留学、1925年に外務書記生としてポーランド在勤、1926年に外務局大臣官房電信課を経て、1927年より再びポーランド在勤となった。1932年1月にはスイスのローザンヌ賠償会議における帝国代表委員付、同年11月ペルシア（イラン）在勤、1934年ポーランド在勤、1938年スイス在勤、1939年ペルー在勤、1940年ボリビアとエクアドル兼勤の後に、1941年2月、ケーニヒスベルク総領事館に杉原千畝の後任として赴任し総領事の事務代理を務めた。戦後は終戦連絡官を務めて1946年に外務省を退官した。以後は絵画の制作に打ち込むとともにポーランドに留学経験のある守屋長とともに『野の国ポーランド──その歴史と文化』を刊行している[3]。

　本章では、織田の刊行された手記や現存する史料と、親族より提供された日記や写真から可能な限り、高島の人生を辿ってみたい（図4-1）。

2　「ウクライナに於いて独逸軍の捕虜となりたる日本人に関する件」

（1）ケーニヒスベルクの織田と高島

　在ケーニヒスベルク日本総領事館は、1941年3月6日に開館した[4]。その目的は、独ソ関係、ソ連邦、ポーランドにくわえて「〈ウクライナ〉情報蒐集に便なる」ためであった[5]。

　1942年7月7日に在ケーニヒスベルク日本総領事の事務代理であった織田寅之助から大島浩駐独大使の大島浩宛に、「ウクライナに於いて独逸軍の捕虜となりたる日本人に関する件」という機密電が打たれた[6]。それによれば同年6月25日、ドイツ軍の下士官が在ケーニヒスベルク日本総領事館に一人の日本人を引き渡した（図4-2）。

　前年の1941年9月ドイツ軍はウクライナ方面に進撃した際、チェルニーヒウ市の刑務所に投獄されていた囚人を取調べたところ「日本人なること及非戦闘員」であることが判明したため、ドイツ側から同総領事館へ身柄を引き渡したい旨が書かれた次の書簡を持参していた（図4-3左）。

図4-1　織田寅之助（前）と高島與五蔵（後）

【出典】伏木宏奈氏蔵。在ケーニヒスベルク日本総領事館で撮影。

野戦郵便支所番号05 575 O.U,

1942年6月23日　　在ケーニヒスベルク日本領事館宛

　日本市民タカシマ・ヨウグズは、05 575部隊のドラビンスキー下士官が手交する釈放証明書を使用する。当人は以前、ドイツ軍の捕虜として拘禁されていた。

　個人情報は次のとおり：

　　姓：タカシマ

　　名：ヨウグズ

　　生年月日：1919年12月17日、横浜

　　宗教：仏教

　　父の名：ナチャラ

　　母姓：イセザワ

　　国籍：日本人

　　職業：教師

　　拘束（日付と場所）：1941年9月19日チェルニゴウ

　　身長：1.72 m

　　　　　/オットー/

　　　　少佐・部隊長

図4-2　織田とドイツ軍下士官
【出典】伏木宏奈氏蔵。人物、撮影日不明。高島を引き渡した下士官かは不明。

86

図4-3 ドイツ軍の書簡（左）と日本総領事館の証明書（右）

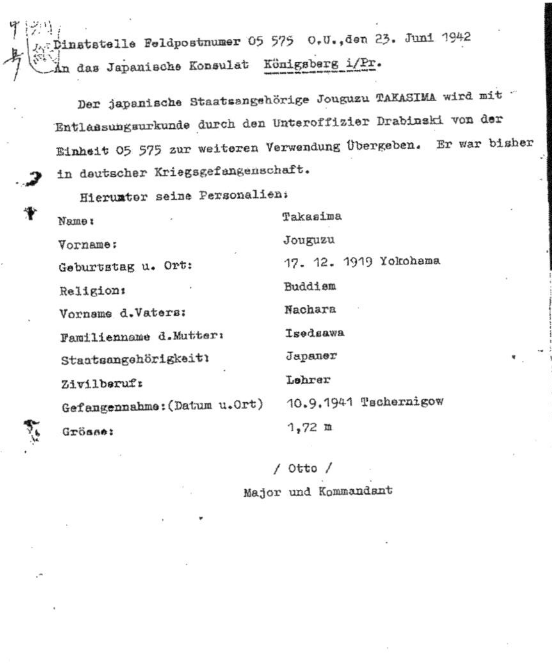

Dienststelle Feldpostnummer 05 575 O.U.,den 23. Juni 1942
An das Japanische Konsulat Königsberg i/Pr.

Der japanische Staatsangehörige Jouguzu TAKASIMA wird mit
Entlassungsurkunde durch den Unteroffizier Drablnakl von der
Einheit 05 575 zur weiteren Verwendung übergeben. Er war bisher
in deutscher Kriegsgefangenschaft.

Hierunter seine Personalien:

Name:	Takasima
Vorname:	Jouguzu
Geburtstag u. Ort:	17. 12. 1919 Yokohama
Religion:	Buddism
Vorname d.Vaters:	Naohara
Familienname d.Mutter:	Isesiawa
Staatsangehörigkeit:	Japaner
Zivilberuf:	Lehrer
Gefangennahme:(Datum u.Ort)	10.9.1941 Tschernigow
Grösse:	1,72 m

/ Otto /
Major und Kommandant

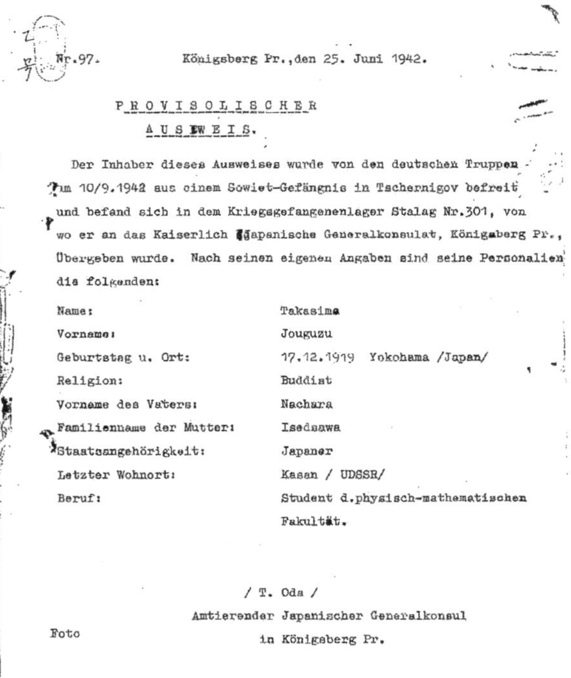

Nr.97.   Königsberg Pr.,den 25. Juni 1942.

P R O V I S O L I S C H E R
A U S W E I S .

Der Inhaber dieses Ausweises wurde von den deutschen Truppen
am 10/9.1942 aus einem Sowiet-Gefängnis in Tschernigov befreit
und befand sich in dem Kriegsgefangenenlager Stalag Nr.301, von
wo er an das Kaiserlich Japanische Generalkonsulat, Königsberg Pr.,
übergeben wurde. Nach seinen eigenen Angaben sind seine Personalien
die folgenden:

Name:	Takasima
Vorname:	Jouguzu
Geburtstag u. Ort:	17.12.1919 Yokohama /Japan/
Religion:	Buddist
Vorname des Vaters:	Naohara
Familienname der Mutter:	Isesiawa
Staatsangehörigkeit:	Japaner
Letzter Wohnort:	Kasan / UDSSR/
Beruf:	Student d.physisch-mathematischen
	Fakultät.

Foto

/ T. Oda /
Amtierender Japanischer Generalkonsul
in Königsberg Pr.

【出典】JACAR（アジア歴史資料センター）Ref.B02032392900、5．ウクライナに於いてドイツ軍捕虜になった日本人関係（A-7-0-8_6_001）（外務省外交史料館）第9画像。

織田がその本人を尋問しようとしたところ、日本語はうまく話せなかったが、次のような経歴が分かった。姓名は「高島ヨグズ」または「ヨゴゾー」で、本人の記憶も曖昧であった。父は「高島ナハラ（またはナハロー）」、母は「イセザハ・ミハト」で1919年12月17日横浜市生まれである。1921年、シベリア出兵時に、父親が家族とともにイルクーツクへ行き「進藤」が実施していたバイカル湖での漁業に従事し住み着いた。しかし1935年、父親が逮捕され、1937年には母親も逮捕され消息を絶った。高島は、「イルクーツク国民小学校」を卒業して、15歳まで両親と暮らした。その後、同地の国立大学に入学したが、父親の逮捕後、単身でカザンに移り、同地の国立大学理学部に入学したが、1940年に逮捕された。

　高島はカザンで反共産主義の団体「東亜民族援助協会」に入ったが日独伊防共協定締結時に同団体が反共宣伝をしたため当局の監視を受け、多数が逮捕された。高島も捕まり、カザン革命裁判によって8年の禁固刑に処せられ収監された。その後、チェルニーヒウ刑務所に移され服役中の1941年9月10日、ドイツ軍が同地を占領した際に、捕虜としてコウェル（コーヴェリ、現ウクライナ・ヴォリィーニ州）に送られ、日本人と判明したためケーニヒスベルクに移送されたのであった。

　織田は「幼少より共産主義的教育を受けたる者」であるので慎重に取扱いながらも、ドイツ軍がチェルニーヒウ刑務所内のソ連側の書類により日本人であることを確認したこと、また高島が「資性温順」で挙動に不審な点がなかったので、総領事館で引き取り、1942年6月25日付でドイツ語の証明書を発行することにした（図4-3右）。個人情報についてはドイツ軍からの書簡とほぼ同内容であるが、最終居住地としてカザンが加筆され、また職業欄が「教師」から「学生（物理・数学専攻）」へと修正されている。その後、織田は現地の労働局とも相談し、高島はシーハウ（Schichau）船舶工場で就業することとなった。

　高島はどのような人物で、またケーニヒスベルクでどのような暮らしをしていたのだろうか（図4-4）。表4-1は織田が残した日記から高島に関する記述をまとめたものである。織田の高島に対する最初の印象は「高島は全くのロシア育ちで面白し。田舎者丸出しなれど字も頭も仲々よし、一寸外見蒙古人」であった。ドイツ軍から総領事館に引き渡されて3日後の6月28日には、織田は高島

図4-4 在ケーニヒスベルク日本総領事館職員の集合写真

【出典】伏木宏奈氏蔵。1944年頃。織田寅之助（前列右から2番目）と高島（後列最右）。もう一人写る日本人（後列左から3番目）は堀岡智明。

を連れてケーニヒスベルクの海岸地帯をドライブし、30日には買物に出かけ、その日に高島はシーハウ工場の合宿所へと移っている。7月1日に一度、同工場から採用を断られたが、結局雇われることとなった。その後しばらくの間、一か月に一度程度、高島は総領事館に顔を出していたようである。12月24日には、「アルセニエフ」をはじめとする総領事館のドイツ人雇人らとプレゼント交換をした[7]。27日には再訪して他の客と夕食を共にし、その後トランプに興じた。31日大晦日にも高島は来て、織田と新年を迎えている。

年が明け1943年1月4日は織田にとって仕事始めであったが、早速高島が来た。2月6日には、夕食を共にし、その後散歩している。2月27日には、スイス・イタリア出張から帰ったばかりの織田が高島に時計を渡すと「大喜び」した。3月7日には、高島がウクライナ人の友人を伴って織田の元を訪れている。2日後の3月9日には「高島旅券の件で来る」と記されており、高島に対する日本の旅券発給について話し合われたと思われる。4月3日、4日と立て続けに訪れたが、4日は高島を最初に連れてきた「ドイツ軍将校」が一緒であり、織田は「ウクライナの話、面白し」と書いている。4月26日、再訪した高島は「兵隊になりたい」と言った。6月5日も来訪があり、23日には高島を含む6人でドイツ騎士団が築城したマリエンブルク城を見学したのち[8]、夜はルーレットに興じた。スペイン・バルセロナの出張から戻った織田は、11月21日に高島や他の日本人を招いて夕食を共にしている。

1944年の前半には、高島と織田の関係に大きな変化が訪れた。同年6月6日、高島は約2年間勤めたシーハウ工場を退職して総領事館に勤めることとなった。しかし、総領事館の雇人との折合いが悪く、それについて織田は、高島に意見したが聞く耳を持たないので、6月30日、織田は「遂に我慢し切れず解雇」した。その時の感想を「二年余の努力も効無く結局日本人になれない事が判った」と記している。しかし、7月12日には高島が謝罪に来たので「許して働かす事にした。」

その後、8月22日には庭で碁を打つなど平穏な日々を過ごしていた織田と高島であるが（図4-5）、状況が急変する。8月26日、午後4時半からテニスにでかけ優勝し、夕食に天ぷらを食して9時からクラブで乾杯をした織田であったが、夜中の12時半に空襲警報がなり、翌27日午前1時半頃から英空軍による空

図4-5　庭でくつろぐ織田と高島

【出典】伏木宏奈氏蔵。撮影日不明。

襲が始まった。ケーニヒスベルクの中心地帯は大火災となった。8月29日から
30日にかけても再度空襲があり、午前1時40分頃から防空壕に入った。織田は
「昨日の空襲は意外に大きくケーニヒの中心は殆ど全滅」と記している。高島ら
と総領事館に留まった織田は、9月2日に庭に防空壕を完成させている。その
後は、庭で碁を打ったり、総領事館で映画鑑賞をするなど落ち着いた日々を過
ごし、12月24日にドイツ人雇人ら11名でクリスマスイヴを過ごし（図4-6、
4-7）[9]、31日には新年を祝っている。

図4-6　在ケーニヒスベルク日本総領事館でのクリスマスパーティー

【出典】伏木宏奈氏蔵。1944年12月24日。

図4-7　クリスマスツリー前の織田と高島

【出典】伏木宏奈氏蔵。1944年12月24日。

表4-1 『織田寅之助日記』における高島についての記述

日時	織田の記述
1942年6月25日	午前露西亜にて捕虜とせる日本人来る。
1942年6月26日	高島は全くのロシア育ちで面白し。田舎者丸出しなれど字も頭も仲々よし。一寸外見蒙古人。
1942年6月27日	高島総領事館の三階で寝ているが雇人共笑ったり間話したり。
1942年6月30日	高島買物出来シーハウ工場の合宿へ移る。
1942年7月1日	高島シーハウを断られ悲観したが又雇われる。
1942年8月2日	高島来る。
1942年8月8日	高島とBöhner氏へ呼ばれる。
1942年9月13日	午前中高島のバラック訪問。
1942年10月24日	高島来る。夕食。
1942年11月14日	高島来り夕食。
1942年11月22日	高島来る。夕食。
1942年12月13日	高島来る。
1942年12月24日	アルセニエフ、フランツ、雇人一同ヘルテイ、ヴァンダ、高島贈り物交換。
1942年12月27日	高島来る。
1943年1月4日	仕事始め。高島来る。
1943年2月6日	高島来る。夕食後に散歩。
1943年2月27日	高島来る。時計呉れる。大喜び。
1943年3月6日	高島来る。夕食後に散歩。
1943年3月7日	高島ウクライナ人の友人と来る。
1943年3月9日	高島旅券の件で来る。
1943年3月13日	午後高島来る。
1943年3月14日	高島来る。
1943年3月21日	午後高島来る。散歩。
1943年4月3日	午後高島来る。
1943年4月4日	高島来る。高島を最初に連れてきた独乙将校来訪。ウクライナの話面白し。

日時	織田の記述
1943年4月26日	高島来り兵隊になりたいと云う。
1943年6月5日	午後高島来る。
1943年6月23日	朝活動して10時26分でマリエンブルグ。山口、エリ、フリーデル、ヘルテイ、高島と六人。12時40着。河辺で（著者注：判読できず）、城を見学して5時の汽車で帰る。夜ルーレットをして遊ぶ。
1943年7月11日	Zoo駅着。フリーデル、高島。
1943年11月21日	午後…高島来る。
1944年1月15日	吉井、篠原、高島話して夜遅くなる。
1944年1月18日	吉井、高島、ガンダ碁。
1944年1月29日	午後高島に碁を教える。
1944年1月30日	米の虫を掃除していると高島が来て一緒に散歩、公園で写真を撮る。夕食を一緒にして話す。
1944年2月13日	午後高島、吉井君と碁。夕食篠原君も来てガンダも来て夜遅くまで遊ぶ。
1944年2月19日	夕食篠原、高島、うどん作って大食い。
1944年3月6日	午後高島来る碁。一緒に散歩。高島の宝見る。
1944年3月18日	篠原、堀岡、守屋、吉井、高島、夕食天ぷら。夜遅く迄連碁をやる。
1944年3月23日	午後も庭を一通掃除、高島も来る。
1944年4月1日	高島来る（著者注：判読できず）碁。
1944年4月9日	夜遅く迄遊ぶ。中川、山口、堀岡、篠原、吉井、高島、（著者注：人名、判読できず）、守屋、家の雇人三人。
1944年4月20日	午後高島来る。
1944年4月22日	午後庭の手入れして夕食。堀君、吉井君とする（高島も）。
1944年5月6日	篠原、吉井、堀岡、高島夜天ぷら。
1944年5月27日	誕生日／夜雇人一同も一緒に誕生日の遊び。夜遅く迄遊ぶ。篠原、吉井、堀岡、山田、フリーデル、高島、ヘルテイ、ミーア。
1944年6月6日	夜高島来る。シーハウ退職してこちらで勤める。
1944年6月19日	夕食篠原君来て一緒。皆で一寸活動見て十時迄碁（篠原、堀岡、フリーデル、ヘルテイ、高島）。
1944年6月28日	高島どうも雇人との折合よくないらしく困ったものなり。

日時	織田の記述
1944年6月30日	高島意見したが聴かぬので遂に我慢し切れず解雇する事とした。二年余の努力も効無く結局日本人になれない事が判った。
1944年7月2日	高島結局労働局へゆく事になる。
1944年7月4日	高島遂に飛び出す。
1944年7月12日	午後高島来て詫る。許して働かす事にした。
1944年7月15日	菊地氏来り吉井、高島と（著者注：判読できず。レストラン名と思われる）で夕食。
1944年8月19日	午後庭で高島と碁を打つ。
1944年8月22日	午後天気よく高島と庭で碁。
1944年9月1日	夜高島、堀岡君と三人で頑張る。
1944年9月2日	高島とウクライナの老人と三人で夕方から防空壕にトランクを入れたり用意を（著者注：判読できず）怠りなし。
1944年9月4日	高島鶏小屋作る。
1944年9月8日	高島と碁。
1944年9月21日	高島と碁一局。
1944年9月24日	高島、ミーア、ヘルテイ。
1944年9月30日	午後高島、フリーデルと小島の親父の所へ行く。
1944年11月3日	夜バルチ、高島と活動（著者注：映画鑑賞）。
1944年12月22日	フリーデル、高島、バルチ出迎え（中略。著者注：織田は11月30日に堀岡とベルリンへ行っていた）。 高島が女中共とよくげんくわしたらしい。
1944年12月24日	クリスマスイーヴ（中略）待望のクリスマス。食堂の支度をする。プレゼントと飾り用意をする。七時より会食。ケルナー夫人、堀岡、バルチ夫妻、フリーデル、ヘルテイ、ミーア、ゲルダ、高島、ヤコヴと十一人。
1944年12月25日	夕食後フリーデル、ヘルテイ、高島と21をやる。
1944年12月26日	皆で又21をやる。後でバルチ、高島と様々活動をする。
1944年12月28日	夕食後ロテリーの支度しSilvesterの勲章を作る（高島と）。
1944年12月31日	多幸な新年を祝す。高島、バルチ夫妻、フリーデル、ヘルテイ（二人）、ミーア、ゲルダ、ガンダ。

【出典】『織田寅之助日記』（伏木宏奈氏蔵）1942年〜44年。高島の名前が確認できる部分のみ抜粋。

織田は2年あまりの間、高島の生活を公私にわたり支える一方、本国に宛て、その身分照会も行っている。1944年6月14日に神奈川県知事宛に身元調査を依頼した。1944年8月6日に、神奈川県知事名で外務次官に以下のとおり回答がなされた。

　　　　　　独逸軍の捕虜となりたる日本人身元調に関する件回報
　　本年6月24日付條普通第878号を以て依頼に係る表記の件に関し本県海外渡航許可関係記録その他に付調査するも該当者認めらるるもの無之候條此段及回報候也[10]

　理由としては「関東大震災により横浜市戸籍原簿消失」し、本件の調査は不可能とのことであった。結果として、本人だけではなく父母についても、日本側には戸籍等の記録がなかった。

　1944年4月1日に織田から重光葵外務大臣宛に打たれた機密電によれば、ドイツ軍からの引渡し後、2年あまり高島の行動を注視した結果「性質実直にして日本人としての体面を顧慮しつつ行動し居るやに見受けられ勤務工場に於いて厚遇」されていた[11]。また、戦後は帰国し定職を得る希望を持つようになっており、身元の取調べが終わり次第、正規旅券を発給する意向が報告されている[12]。

（2）ケーニヒスベルク籠城

　織田の日記は1945年分が現存していないため、その後の織田と高島の日常は分からない。一方、織田は、戦後すぐに『大衆読売』に「ナチ独逸崩壊の頃を想う」と題して2号にわたり寄稿し、1956年には『文藝春秋』の企画「実話募集：私にもこんなことがあった！」に「ケーニヒスベルグ籠城記」で応募し、募集総数1279編中5編に入選した。本項では織田の手記を中心に、1945年のケーニヒスベルク籠城の経緯と高島の足跡を追ってみたい。

　1944年7月7日、ケーニヒスベルク大学創設400年祭のため、パークホテルのロビーにいた織田は、式典に出席していたベルンハルト・ルスト科学・教育・文化大臣や同地が故郷のヴァルター・フンク経済大臣とサイパン陥落などにつ

いて話していた。東プロイセン州総督で前年10月までウクライナ国家弁務官を兼務していたエーリッヒ・コッホは、自身が設立した私兵から発展した国民突撃隊に対戦車砲を持たせることを話したがその様子はどこか寂し気であった[13]。織田にとってナチス政権高官と会ったのはこの日が最後となった。

同年10月下旬、重光外相から織田へ「日本総領事館を一時、閉鎖せよ」との命令が暗号電で届いた。しかし、織田は承服せず、敢然と反論し、閉鎖命令の撤回をせまった[14]。

織田は、一時閉鎖命令に従わなかったが、結局、本省の指示で総領事館を閉鎖し、一旦ベルリンへ引き揚げることになった。「総領事館に残してきた留守番のT君」、つまり高島からケーニヒスベルクの市内は大混乱で「一体どうしたら良いのか、何とか後始末をつけに来てくれないか」と毎日のように電話がかかってきた。駐ベルリン日本大使館は行くのを見合わせたほうがよいと忠告したが、ソ連軍の進度からまだ往復するぐらいの時間はあり、また高島やドイツ人職員を置いたままにするのは心苦しいと考えた末、まだ運航していたルフトハンザ機で1945年1月24日テンペルホフ空港を飛び立った。

飛行中、近くで空中戦が始まり、乗機は退避するとともに海面すれすれに飛び、2時間後にはケーニヒスベルク空港に降り立った。市内は予想以上に混乱状態で、夜に総領事館にたどり着いた。翌朝、状況は急変し、ソ連軍は市の30キロ地点に達しており、空港は砲撃目標となり空路は断たれた。驚いた織田は、ヘルムート・ウィル市長に面会したところ、普段の平服ではなくナチス党服姿ながら意気消沈しており、ポーランド回廊が占領され鉄道は不通、海路も前日にダンチィヒ沖で避難船が撃沈され安全ではないと説明を受け、中立国の外交官なのでここに留まったほうがいいのではないかと忠告を受けた。決心がつかず、その後、港を見に行った織田だが、ソ連の偵察機が旋回するなか、2000トン級の「ボロ貨物船」に避難民が鈴なりに乗り込んでいる様子を見て、ケーニヒスベルクに踏み留まることを決心した[15]。

総領事館へ戻った織田は、ケーニヒスベルクに留まる決意をスタッフに伝えた。避難したいと言った運転手夫婦と料理婦を織田自身が港へ連れて行き船に乗せた後、高島とドイツ人スタッフに砲火を避けるために地下室の整理をさせた。1月27日、ケーニヒスベルク第一軍管区司令官オットー・ラッシュによっ

て要塞都市宣言が出されると、ソ連軍は「ハタと攻撃の手を緩めて、市を遠巻きに包囲して陣地を敷いて動かなくなった。」[16]

　織田が司令部を訪れたところ、「要塞生活に平服は不都合だろうから」とドイツ空軍将校の制服を渡された（図4-8）。砲撃は止むことはなく、総領事館にも何発か着弾し、2階と3階は穴だらけとなった。それから一か月ほどは比較的平穏に過ぎて、織田は庭の雪から砲弾の破片や降伏勧告のビラを拾う余裕があった。3月半ばを過ぎ、「ソ連軍機の来襲も、砲弾の数も日毎に殖えて、何かただならぬ気配が感じられた。」[17]

　4月1日に復活祭を迎え、籠城中のドイツ軍兵士とささやかな宴をもったが、その後の1週間のソ連軍の攻撃は凄まじく「殊に最後の三日間と云うものは文字通り砲弾の雨、爆弾の嵐」であった。4月7日には総領事館のある地区も攻撃目標となり、織田は「いよいよ明日は自分たちの番だ」と覚悟した[18]。翌日1階の窓から外をみるとソ連兵の姿があった。織田はかねてから自動車用の日の丸小旗に墨で日本総領事館と書いたものを用意しており、門標に打ち付けようと外に出たところ拳銃を持ったソ連軍の伍長と遭遇した。織田は「日本とソ連は戦争をしていない」と話しかけると伍長も銃を下げ、日本の外交官であることを説明した。同日夜にはソ連軍司令部から大尉2名と少尉が総領事館に来たので、保護と在モスクワ日本大使館への連絡を依頼した[19]。

　翌日、数名のソ連兵が司令部からの命令で庭の掃除にやってきた。続いて5名の兵士が豚肉、砂糖、パン、バター、米などの食料を持ってきた。次に大尉と数名の下士官が来て、ニュース映画の中に入れたいから撮らせてくれと依頼してきた（図4-9）。その時の模様を織田は、戦時中の『朝日新聞』と戦後の手記で以下のように振り返っている。

　　さてエピソードみたいなものですがケーニヒスベルグで赤軍が入ってからある日ニュースカメラが来て映画をとるというので承知すると、兵隊を連れて来て突撃の真似をさせ、私が館内から門に出ると番兵が捧げ銃し面喰った。これは全く芝居をやったので、私は悪い宣伝に使わぬように頼んで来た[20]。

図4-8　ドイツ空軍将校の制服で防空壕の前に座る織田

【出典】伏木宏奈氏蔵。1945年2月～4月頃。

図4-9　日本総領事館の地下室から出た後の高島

【出典】伏木宏奈氏蔵。1945年4月9日頃。右後方にソ連兵。

勿論私に異論は無かった。大尉は私に、一たん地下室に入って、合図を
したら出てきてくれ、と云う。私は地下室で待っていたが、なかなか出て
来いと云わない。そっと一階へ上って覗いてみると、一人の少尉が十人程
度の兵隊と何かゴソゴソと演出している。どうやら日本総領事館を発見し
た、という筋書きらしい。暫くすると、出て来いと云う合図があったので、
T君を従えて地下室から出て行った。するとそこには一列の兵隊が整列し
ていて、私が出ていくと少尉は挙手、兵隊は捧げ銃をやる。この演出には
私も面喰った[21]。

　いわゆる、やらせ映像であるが、織田はこの映画の題を『ワイクセルからオ
ーデル』と聞いた[22]。このニュース映画の模様は、現在、カリーニングラード
の地元紙や郷土史のウェブ記事などで紹介されている[23]。その写真を見る限り、
まずブーツを履いた高島が地下室から出て、その後、織田が続きソ連軍将校か
ら敬礼を受けている様子が分かる。

3　むすび──その後の織田と高島──

　ケーニヒスベルク陥落後の織田と高島はどうなったのであろうか。陥落後、
ちょうど1週間目の4月14日の昼過ぎに、3、4名のゲーペーウらしきソ連軍
将校がやってきた[24]。すぐにモスクワに連れていくと言われ、手回り品だけ持
って自動車に乗せられ、郊外の飛行場に着いて2時間ほど待たされた後に、「米
軍のマーク」の付いた軍用機で飛び立った。途中、吹雪のためスモレンスクに
不時着し、ソ連軍将校と一晩を過ごした[25]。話が弾む一方、織田は将校との話
の結論として「ソ連邦が独逸降伏の後は其鉾先を日本に向ける事をハッキリと
読み取った」のであった[26]。織田は帰国後に東郷外相に、ケーニヒスベルク籠
城の顛末に加えて、ソ連の対日参戦の可能性について記した報告書を提出した
が、日本は当時ソ連に和平交渉の仲介を要請しており、その情報が生かされる
ことはなかった[27]。
　織田はモスクワ到着後、日本大使館に引き渡され、5日間滞在し、対独戦勝
に湧くモスクワ市内を見て回った。おそらく列車で、満洲国境に達したのが「天

長節の朝」つまり4月29日であった。滞在先の
ハルビンでヒトラーの死を聞き、その後、新京
を経由して博多に到着し帰国を果たした[28]。

　高島の籠城後の消息については、織田の手記、
新聞記事にも書かれていないが、実は高島は織
田とともに無事に満洲に到着していた。7月28
日に馬瀬金太郎ベルリン総領事が東郷外相に提
出した「在ドイツ邦人引揚に関する件」と題さ
れた報告の中の「独逸よりの帰朝者名簿」には、
織田の名前とともに「高島ヨグツ」の記載があ
る[29]。織田は6月までに帰国したが、高島は「満
洲国残留者」を示す〇印が付けられている[30]。

　その後、高島がどのような経路、経緯で帰国
したかは分からない。織田が親族に語ったとこ
ろによれば、高島は日本に引揚後、東京へ向か
った。10年あまり後、織田は意外なことから高
島の消息を知ることになる。1956年、『文藝春
秋』2月号に織田の「ケーニヒスベルグ籠城記」
が掲載された。織田は、その中で高島のことを
「T君」としている。すると同年7月27日頃、織
田の元へ記事を読んだ東京都大田区に住む角田
恒道という人物から手紙が来た。角田の手紙に
は、T君が「高島與五郎」のことではないかと
書かれていた。手紙の最後には「彼の姓名及び
生年月日. 大正8年12月17日」と記載されてお
り、1942年の織田の機密電とも一致することか
ら同一人物とみて間違いない（図4-10）。

　角田は、高島について「あまり話はしません
が、実は語学が達者」と書いており、あまり日
本語が話せなかった様子も窺える。6年前、角

図4-10　角田恒道の手紙

【出典】伏木宏奈氏蔵。

田の会社がタイプライターと電気計算機を購入した際にその担当となったが、現在では「乞食同様の生活」をしているのでなんとかしてほしいとのことであった。また、「彼の考えは非常に大きくて金もないのに、家もなく、毎日の食事さえ事欠く状態ながら、尚勝己の意志をつら抜こうとしていることは立派に見えます」と評しており、高島の性格を垣間見ることができる。

　その後、織田は角田と連絡を取り、高島に会うためにすぐに上京した。しかし、織田が到着した時には、高島はすでにいなかった。路上生活の最中、行倒れて病院に運ばれて死亡した後であった。身寄りもないため、織田は病院で骨だけになった高島と対面したという[31]。

　織田の手記や記録によって、数奇な運命を歩んだ「ウクライナに於いて独逸軍の捕虜となりたる日本人」高島の人生を概ね辿ることができた。一方、ソ連の政治犯としてウクライナに投獄されていた者が、なぜかモスクワ経由で帰国できたかなど謎も残されたままである[32]。これまで日本から自らの意思でソ連に渡り、粛清されたコミンテルンや共産党関係者を中心とした日本人の研究は進んでいるが、高島一家のように日本軍のシベリア撤兵後もソ連に残留した普通の日本人の消息はほとんど知られていない[33]。本章からは、スターリン体制下の大粛清で、彼らのように消息を絶った名もなき日本人がいたことが分かった。彼らについての今後の研究の進展を期待したい。

注

※本章の作成にあたっては織田寅之助の孫である伏木宏奈氏より史料をご提供いただいた。また『織田寅之助日記』の整理もしていただいた。くわえて様々なご指摘ならびにご助言をいただいた。ここに記して感謝申し上げたい。また次の論考も参考とした。伏木宏奈「激戦下のケーニヒスベルク」『せんぽ』杉原千畝研究会、2017年。

（1）　「廃墟に日の丸翻し／弾雨下、死の籠城／ケーニヒスベルグ駐在織田副領事に聴く」『朝日新聞』1945年5月1日朝刊2面。なお、同市名称の記載は史料のまま引用する。
（2）　織田と高島については以下でも一部触れられている。泉孝英『日本・欧米間、戦時下の旅：第二次世界大戦下、日本人往来の記録』淡交社、2005年、237～238頁。
（3）　守屋長、織田寅之助『野の国ポーランド：その歴史と文化』帝国書院、1949年。

織田の経歴は同書を参照した。なお、同書によれば守屋長の略歴は1906年東京生まれ、北大予科を経て京都大学文学科言語学専攻卒業。1937年ポーランド交換学生として渡欧、ドイツ滞在を経て1945年帰国、1949年時点で神戸経済大学予科ロシヤ語教授。

(4) JACAR（アジア歴史資料センター）Ref.B13091880600、外務省報　第二十六巻（外・報26）（外務省外交史料館）第1画像。

(5) 田嶋信雄「ナチ時代のベルリン駐在日本大使館：人と政策」405頁。JACAR（アジア歴史資料センター）Ref.B14090242800、4.在「ケーニヒスベルク」領事館（M-1-3-0-1_1_23）（外務省外交史料館）第2画像。

(6) JACAR（アジア歴史資料センター）Ref.B02032392900、5.ウクライナに於てドイツ軍捕虜になった日本人関係（A-7-0-0-8_6_001）（外務省外交史料館）第1～11画像。

(7) 「アルセニエフ」はユーリー（ゲオルギー）・セルゲイヴィチ・アルセニエフと思われる。ユーリーは元白軍将校で、杉原千畝の下でケーニヒスベルクの日本総領事館で秘書として働いた。兄ニコライ・セルゲイヴィチ・アルセニエフは白軍の元協力者でケーニヒスベルク大学の教授を務めた著名な哲学者であった。Бирюков Г. Семья Арсеньевых и японский святой, Берега 2019/ №6（URL: http://www.xn--80alhdjhdcxhy5hl.xn--p1ai/content/semya-arsenevyh-i-yaponskiy-svyatoy　最終閲覧日：2021年7月30日）。

(8) 現ポーランドの世界遺産マルボルク城。

(9) 図4-6に写っている人数は織田を含んで11名、そのうち日本人3名であり、男女比も一緒であることから、写っている人物が「ケルナー夫人、堀岡、バルチ夫妻、フリーデル、ヘルテイ、ミーア、ゲルダ、高島、ヤコヴ」と織田である可能性が高い。織田のメモには、堀岡はベルリン日本研究所の関係者と書かれており、また織田の手記には「高野山大学の堀岡智明」と書かれている。戦後、堀岡は1966年にマサチューセッツ州のケンブリッジ仏教協会の会長となった。なお、「吉井」は「京大生物学の吉井良三」、「篠原」は「カント哲学研究の篠原正瑛」であった。織田寅之助「ケーニヒスベルクの思い出」郵政弘済会『ゆうびん』1955年10月号（第6巻10号、通巻62号）、3頁。

(10) JACAR（アジア歴史資料センター）Ref.B02032392900、第8画像。

(11) 篠原正瑛は、高島について次のように書いている。「この高島という人には、私や吉井君も総領事館で何回か会ったことがある。本人は日本人だと言っているが、はっきりしたことはわからないと、織田氏は言っていた。ソ連かポーランドのどこかにいたのが、独ソ戦になったため転々としてケーニヒスベルクにたどり着き、総領事館を頼ってきたらしい。日本語は、普通の日本人と区別がつかないくらい達者だが、人相や骨格はどうも蒙古人に近いような印象をうけた。」篠原正瑛『ドイツにヒトラーがいたとき』誠文堂新光社、1984年、192頁。

(12) JACAR（アジア歴史資料センター）Ref.B02032392900、第2画像。

(13) 織田寅之助「特別寄稿/ナチ独逸崩壊の頃を想う」『大衆読売』第2号、1946年、11頁。

（14） 篠原『ドイツにヒトラーがいたとき』192～196頁。同書には織田から重光宛や
駐独日本大使館との電文が収録されている。

（15） 織田寅之助「ケーニヒスベルグ籠城記」『文藝春秋』2月号、1956年、235～236
頁。

（16） 織田「ケーニヒスベルグ籠城記」236頁。

（17） 織田「ケーニヒスベルグ籠城記」239頁。

（18） 織田「ケーニヒスベルグ籠城記」240頁。

（19） 織田「ケーニヒスベルグ籠城記」243頁。

（20） 『朝日新聞』1945年5月1日朝刊。

（21） 織田「ケーニヒスベルグ籠城記」244頁。

（22） Василий Беляев監督作『ヴィスワからオーデル（От Вислы до Одера）』（1945
年）と思われる。

（23） Якшина, Д. ТРИНАДЦАТЫЙ КОНСУЛ КЁНИГСБЕРГА. Новый Кёнигсберг
№ 7 Published on Oct 2, 2012 Калиннинградский бизнес-журнал Перепу-
ганного японца советские солдаты выудили из подвала и отправили
домой（URL: https://old.rudnikov.com/article.php?IBLOCK_ID＝1
&SECTION_ID＝0&ELEMENT_ID＝18858　最終閲覧日：2021年7月30日）。

（24） 織田「ケーニヒスベルグ籠城記」246頁。

（25） 『朝日新聞』1945年5月1日朝刊。

（26） 織田寅之助「特別寄稿／ナチ独逸崩壊の頃を想う（続稿）」『大衆読売』新年号、
1947年、23頁。

（27） 「欧州戦終了後、対日参戦に転ずる確信を持った／ソ連参戦分析、生かされず
／1945年6月、外相に報告」『産経新聞』2017年1月12日（ウェブ版）。

（28） 織田「特別寄稿／ナチ独逸崩壊の頃を想う（続稿）」24頁。

（29） JACAR（アジア歴史資料センター）Ref.B02032393400、2.在ドイツ邦人引揚に
関する件（在ベルリン総領事報告）（A-7-0-0-8_6_002）（外務省外交史料館）21、
24画像。

（30） 泉孝英は、新京に在留としている。泉『日本・欧米間、戦時下の旅』238頁。

（31） これらの部分については織田の孫、伏木宏奈氏の母が織田寅之助から聞いた話に
基づく。

（32） なお、高島については、ウクライナ保安庁（SBU）アーカイブ（旧KGBアーカイ
ブ）にも史料を照会したが記録は残っていなかった。

（33） スターリン時代の一般の日本人犠牲者の一例は大島幹雄『明治のサーカス芸人は
なぜロシアに消えたのか』祥伝社、2013年を参照。

第5章 ハルビンにおけるウクライナ人の日本研究
——『遠東雑誌』と『ウクライナ・日本語辞典』——

1 はじめに

　日本の傀儡国家であった満洲国のハルビンでは、ウクライナ民族の家（ウクライナ・クラブ）に所在したウクライナ人居留民会を中心に、さまざまなウクライナ語の出版物が発行されていた。

　1934年10月にウクライナ民族の家では、『満洲通信』の編集スタッフにより、極東で最初のウクライナ関連出版物の展示会を開催することが計画された。予定された展示物は、ヨーロッパ、アメリカ、アジアで出版されたウクライナ語の定期刊行物、随想、学術出版物、ハルビンにおけるウクライナ語の新聞などであった。展示会は1936年8月25日、ウクライナ青年連盟のパーティに合わせて開催された。翌1937年7月18日の満洲帝国ウクライナ人居留民会の総会中にもウクライナ民族の家のロビーで再度開かれた[(1)]。

　ウクライナ人居留民会はさまざまなウクライナ語の出版物を刊行していたが、残念ながらその多くは現在残っていない。一方、それらの出版物には日本や日本文化に関連するものも含まれていた。1936年にはウクライナ人居留民会によって『遠東雑誌』が出版された。これには、中国文学などに加えて日本の詩編や短編小説もウクライナ語に翻訳されて収録されていた。同書やその編集に関わったハルビン・ウクライナ東洋学者協会については、ロマン・ラフの優れた研究がある[(2)]。本章では、まず、それら先行研究と『遠東雑誌』の原本を参照して、同書の概要とそこに含まれた日本語作品を中心に見てみたい。

　次に、1944年に刊行された『ウクライナ・日本語辞典』の原本を用いて、それらの内容や発刊の背景を分析する。本章では、『ウクライナ・日本語辞典』の言語学的な分析は行わない。それについては日野貴夫・イヴァン・ボンダレンコの先駆的な研究やユリア・マラホヴァの先行研究がある[(3)]。日野によれば、その研究で使用されたのはニューヨーク公共図書館に所蔵されていたイヴァン・スヴィットの原本のマイクロフィルムを、中井和夫がコピーしたものである。

この『ウクライナ・日本語辞典』の編纂の経緯と編集過程については、スヴィットとクペツィキーの回想録にそれぞれ記述されている。本章では、それらを基に、同辞書を使用して、この辞書が作成された経緯と、どのように作られたのかに焦点を絞って分析したい。くわえて、「幻ともいうべき辞典[4]」と称される同辞書の現存状況についても言及したい。また本章の最後に史料として、同辞書の冒頭に収録された共著者のアナトリ・ヂブローワ（ティシチェンコ、クヴィチェンコ）著『ウクライナ小論』の全文を付けた。

2　『遠東雑誌』

『遠東雑誌』は、ドミトロ・バルチェンコを編集者として満洲帝国ウクライナ人居留民会によって、ウクライナ語で1936年10月中頃に出版され、発行部数は350部、目次や広告を除いて83頁であった（図5-1）[5]。

その出版目的は、序文によれば「極東全般、特に極東ウクライナ人に関する情報を世界中のウクライナ人に広める」ことが彼らの責務であると考え、また紹介作品の選出に際して、政党や学派の影響を受けていないことも強調されている[6]。

この書籍刊行に対して中心的な役割を担ったのは、ウクライナ人居留民会内のウクライナ東洋学者協会であった（図5-2）。この協会は1936年初頭に設立され、1938年初頭以降の活動の記録がないため、その活動を終えたと考えられている。主な協会メンバーは、会長フョードル・ダニレンコ（図5-3）、副会長ワシーリ・オヂネツ、書記ボリス・ヴォブリー、ドミトロ・バルチェンコ、ヴァレンティーナ・コルダ＝コロテンコらであった[7]。

協会メンバーの略歴をまとめておきたい。会長のフョードル・ダニレンコは著名な東洋学者であり、1933年にはハルビンのフロマーダの代表に選ばれ、ウクライナ人居留民会の幹部としてウクライナ人社会のリーダーの一人であった。後年は小説家として活動し『私たちが自分を犠牲にするとき』や『人生に』といったロシア語作品を残した（図5-4）。ソ連の満洲占領後に有罪判決を受け、1955年にカザフスタンのカラガンダで没した[8]。

書記のボリス・ヴォブリーは、日本でもピョートル・ポダルコの研究でその

図5-1 『遠東雑誌』«Далекий Схід»

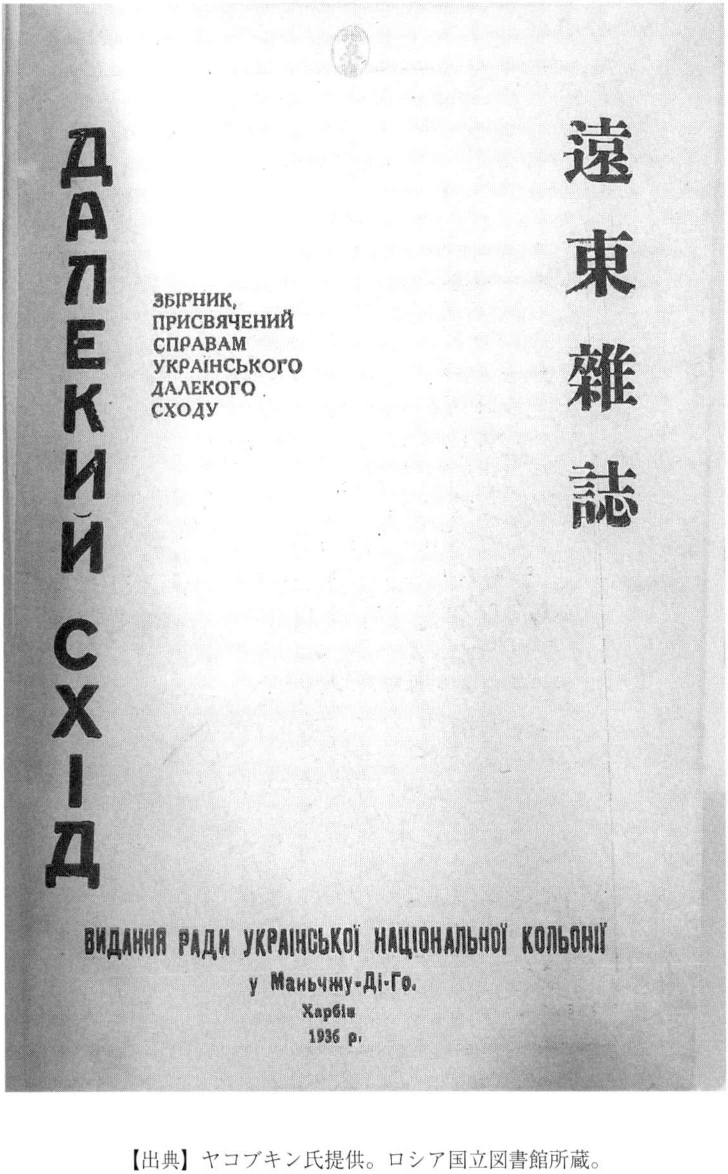

【出典】ヤコブキン氏提供。ロシア国立図書館所蔵。

図5-2　ハルビン・ウクライナ人居留民会内「ウクライナ東洋学者協会」

ТОВАРИСТВО

УКРАЇНСЬКИХ ОРІЄНТАЛІСТІВ ПРИ УКРАЇНСЬКІЙ НАЦІОНАЛЬНІЙ КОЛЬОНІЇ В М. ХАРБІНІ.

При Раді Україн. Націон. Кольонії в Харбіні засновано Товариство українських орієнталістів, яке бажаючи бути по середником між народами Сходу та Українською Нацією, ставить собі за мету:

1. Студіювання мов, культури та економіки народів Сходу, з'окрема народів МАНЬЧЖУ-ДІ-ГО, НІПОН і ХІН.

2. Знайомити народи Сходу з Українською Нацією та її культурою шляхом вміщення належних статей в пресі, журналах, виданням книг та брошюр в східних мовах про Україну, влаштуванням лекцій й т. і.

Управа Т-ва закликає всіх українців, українські організації, видавництва й т. і. ввійти в контакт з Управою Т-ва для виконання спільними силами поставлених Товариством завдань.

У всіх справах просимо звертатися по адресі:

Mr. Danilenko, 9, Novotorgovaya Harbin,

Manchou-Ti-Kuo.

【出典】チョルノマズ氏提供、『遠東雑誌』3枚目（ページ数なし）。

図5-3　フョードル・ダニレンコ

【出典】岡部蔵。

図5-4　フョードル・ダニレンコ著『人生に』（1931年）

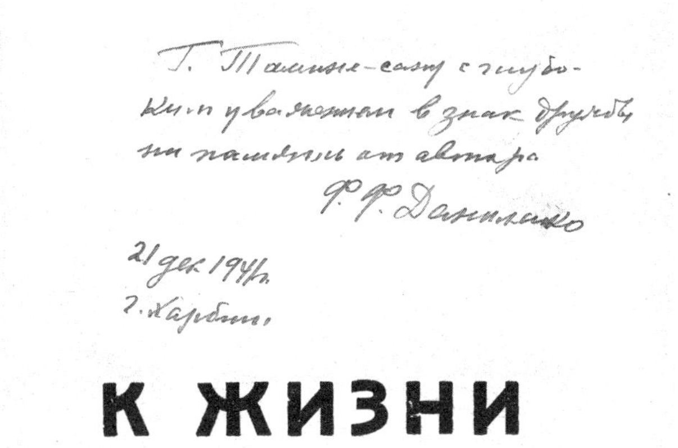

> *Г. Таминэ-сану с глубо-*
> *ким уважением в знак дружбы*
> *на память от автора*
> *Ф. Ф. Даниленко*
>
> *21 дек 1941г.*
> *г. Харбин,*

К ЖИЗНИ

【出典】岡部蔵。署名はダニレンコの自署。「タミネさん、著者F.F.ダニレンコから友情の証として深い敬意を持って。1941年12月21日、ハルビン」

経歴が紹介されている。ヴォブリーは、ポルタヴァ出身でウラジオストクの東洋学院で学んだ。サハリンで翻訳者として働いたのちに来日、1924年から1934年にかけて福井県立敦賀商業学校でロシア語を教えた[9]。その後、上海に移り、1938年には上海のウクライナ・フロマーダの副代表となった。1939年からは、ハルビンでウクライナについて日本語の書籍を出版した。第二次世界大戦後は米国に移住し1970年前後にワシントンで没した[10]。

　ワシーリ・オジネツは中国語や中国学を専門とする東洋学者である。ハルビンのウクライナ青年連盟SUM（CYM）のメンバーで、学術的にはフョードル・ダニレンコに師事した。1919年3月にイルクーツクから家族と一緒にハルビンに移った。1928年から1933年、東洋学・商学大学（のちの聖ウラジーミル大学東洋学・経済学部）で学び1938年まで同大学の准教授を務め「漢字の書き方の分析」クラスを担当した。中国語、満洲語、日本語に通じていた。ウクライナ青年連盟をはじめウクライナ人居留民会の活動にも積極的に参加し、新京の建国大学でもロシア語や中国文学と東ヨーロッパの歴史を教えた。またニコライ（ミコラ）・バイコフの『偉大なる王』の日本語への翻訳に参加した。ソ連の満洲占領後は逮捕され送還された。1945年から1956年にタイシェットのオゼルラグ労働収容所に収監され、釈放後はカラガンダで経済学者として働き、ブコヴィナ出身のウクライナ人女性と結婚し、1972年同地で没した[11]。

　ドミトロ・バルチェンコは、もともとはウクライナ国民（人民）共和国軍の軍医で、1931年にヴォルィーニから上海を経由してハルビンに来た。1933年からは大澤隼が社長を務めていた『ハルビンスコエ・ウレーミヤ』紙でウクライナについてのロシア語の紙面を担当した[12]。満洲帝国外交部が作成した日本語資料「満洲のウクライナ人」にも名前があり、それによれば1937年前後にはウクライナ人居留民会の副議長になっていた[13]。

　ヴァレンティーナ・コルダ＝コロテンコはハルビンにおけるウクライナ民族主義者組織の活動家であったロマン・コルダ＝フェドリフ（本名ミハイロ・ザティナイコ）[14] の妻で、1912年2月2日にハイラル市生まれ、市内の学校を卒業後、1935年にハルビンの聖ウラジーミル大学を卒業した。専門は中国学であり、またウクライナ極東シーチの活動家で、1938年から1939年の間にウクライナ人居留民会の女性グループの責任者でもあった[15]。

本の内容を見てみたい。オヂネツをはじめ中国専門家が協会メンバーに多かったため中国語や満洲の作品が多く選ばれているが、同程度の日本の作品も含まれている。まず、「日本の詩」として紀友則の「ひさかたの」といった古典に始まり、川路柳虹、与謝野晶子などの作品がウクライナ語に翻訳され掲載されている（図5-5）[16]。また、久米正雄の短編小説「或る求婚者の話」（1922年）も含まれている[17]。また、作者不詳の「日本の生活に関するエッセー」、「結婚式のすべての習慣」、「日本の住居」、「日本の国民教育」といった日本の生活や文化についてのエッセーも含まれている。

　ウクライナ人からは、オヂネツによる中国の名称に関する記事「支那か中国か」、「現代東洋学」、イヴァン・シュレンディク博士[18]の極東や満洲のウクライナ人口についての考察「満洲帝国のウクライナ人」、バルチェンコの「時局の要請」と題した時事評論、アジアにおけるウクライナ人の解放運動を主題としたミコラ・コヴリャンシキー[19]の短編小説「1917−1920」に加えて、ウクライナ人居留民会の現状についてなどさまざまなジャンルの記事が掲載されている。

　一方、『遠東雑誌』と題され定期刊行物を思わせる体裁であり、「最初の号がウクライナ市民によってどのように受け入れられるかに応じて」継続して出版される予定であったが、この号のみの刊行で終わった。

　同書の最後には商業広告も掲載されている。チューリン商会のウクライナ語版広告（図5-6）のほか、ワシーリ・オヂネツの「通訳者」としての広告が掲載されている（図5-7）。ウクライナ語、ロシア語、英語と満洲語の通訳とアジア言語の指導も可能とある。そのオヂネツが共著者であった『ウクライナ・日本語辞典』について次節で見てみたい。

図5-5 「日本の詩」

НІПОНСЬКА ПОЕЗІЯ.

Поет Кавадзі Рюукоо.
(1888 р.)

З циклю «У звіринці».

ПІВЕНЬ.

Співаеш ти тому, що надійшла година,
А давно віриш ти, ніби дитина,
Що сонце просипається від спокінвіку
Лише тому, що ти співаєшь „ку-ку-рі-ку".

Але ось зараз, о півночи,
Почни співати, скільки хочеш
І може статися, мій дурню, що тоді
Розбудиш лише селезня, що поруч спить в гнізді.—

【出典】チョルノマズ氏提供、『遠東雑誌』4頁。川路柳虹の詩。

112

図5-6　チューリン商会のウクライナ語広告

НАЙБІЛЬШІ Й НАЙСТАРШІ В МАНЬЧЖУ-ДІ-ГО

Універсальні Склепи

Т./Д І.Я. ЧУРИН і Ко.

У ХАРБІНІ: НОВЕ МІСТО, ПРИСТАНЬ, МОДЯГОУ.
ЦЕНТРАЛЯ У ХАРБІНІ.

Відділи: у Сіньцзіні, Мукдені, Дайрені, Сипингаї, Хайла-
рі, Куаньченцзи, Гіріні та Ціцікарі.

Представництва: у всіх значніших пунктах Маньчжу-Ді-Го.

Власні фабричні підприємства.

Фабрики: тютюнова, ковбас, фарб.
Гуральня. Сортовня чаю. Витримані вина.

Представництво найбільших закордонних фірм.
Приймаються замовлення на виписку товарів.

Відділи: гуртовий та експортний.

Автомобільний та Технічний, Авто, Сільськогосподарчий.

Майстерні: Авто, механічно-технічна, та радіотехнічна.

【出典】チョルノマズ氏提供、『遠東雑誌』85枚目（ページ数なし）。

図5-7　ワシーリ・オヂネツの広告（左上）

Перекладчик

державної мови,
ВЧЕНИЙ ХІНОЛЬОГ
В. А. ОДИНЕЦЬ

Приймає ріжнородні переклади з української, російської, англійської мов на маньчжурську й навпаки.

Дає лекції маньчжурської мови та по сходознавству.

Приймає замовлення, заповнення всіляких анкет, бланків, прохань та інше в вище згаданих мовах.

Надсилає матеріяли по сходознавству для ріжних видавництв.

Звертатись по адресі:

Український Національний Дім, Новоторгова вул. ч. 9.

Одинока українська

Переплетня майстерня

Н. Я. Рябишенко

при друкарні «РЕКОРД».
Український Національний Дім, Новоторгова вул. ч. 9.
—oOo—

Приймає до виконання всілякі переплетні роботи: Альбоми, Бювари, Адресні папки, Книжки конторські, банковські, бібліотечні та інші.

Оправу робить просто, колінкорову і в шкірі, а також й метальову. При майстерні гарний золотильний прес та великий вибір шрифтів та виньеток для тиснення золотом, сріблом, та ріжних других кольорів.

Приймаються замовлення на мистецьку окантовочну работу Ціни дуже дешеві.

М. А. БІЛИЙ

Школа Танку

Цілковито невміючі танцювати навчаються за 3—4 лекції.

Вправи групами й — окремо. —

Платня значно зменшена. Учням знижка.

Одчинено від 9 ранку до — 9 вечора. —

Нове Місто. Великий Проспект №.40 ріг Гірінської.

【出典】『遠東雑誌』4枚目（ページ数なし）、なお、画像下の広告はベールィ社交ダンス教室のウクライナ語版広告である（『満洲通信』にはロシア語版広告のみ掲載。岡部『日本・ウクライナ交流史1915–1937年』132頁）。

3 『ウクライナ・日本語辞典』

まずは、同辞書の概略をまとめたい。アナトリ・ヂブローワ、ワシーリ・オヂネツ共著、保田三郎編纂『ウクライナ・日本語辞典』(Діброва А, Одинець В. Українсько-ніппонський словник // Під ред. Ясуда Сабуро. Харбін, 1944. – 266 с.)は、収録語数約11000語、辞書部分は266頁で左右二段組47行、発行部数1000部で、確認される限りで世界最初のウクライナ語・日本語辞典である(図5-8)。日本語を示す言葉としては、ヤポンシキー(японський)ではなく、「ニポンシキー(ніппонський)」が使用されている。ハルビンのウクライナ語新聞『満洲通信』では、1932年の発刊当初は、日本についてЯпоніяやяпонськийが使われていたが、1935年前後からНіппонやніппонськийといった語に置き換わっている[20]。これはハルビンのロシア語刊行物でも同様で、ハルビン特務機

図5-8 『ウクライナ・日本語辞典』扉

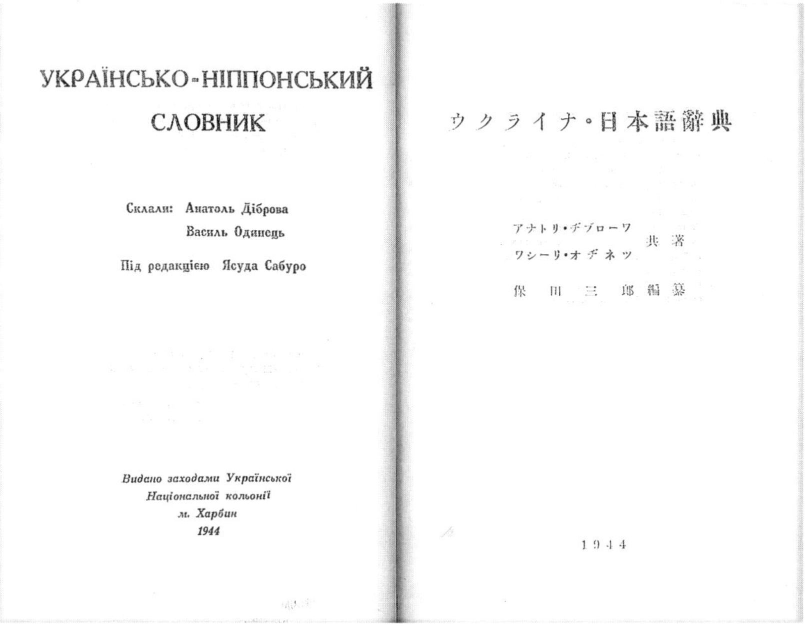
УКРАЇНСЬКО-НІППОНСЬКИЙ
СЛОВНИК

Склали: Анатоль Діброва
Василь Одинець

Під редакцією Ясуда Сабуро

Видано заходами Української
Національної кольонії
м. Харбин
1944

ウクライナ・日本語辭典

アナトリ・ヂブローワ
ワシーリ・オヂネツ 共著

保田三郎編纂

1944

【出典】OSEREDOK所蔵。

関や日本当局の関与・指導があった可能性が先行研究でも指摘されている[21]。

　日野・ボンダレンコの研究でも、同辞書の構成について、奥付も含めて考察されている。同辞書は、クリャブコ＝コレツキーの序文（図5-9）、著者のヂブローワ、オヂネツによる序文（図5-10）、ヂブローワによる「ウクライナ小論」と題されたウクライナの歴史・文化に関する論説（史料5-1）、辞書部266頁、奥付（図5-11）で構成されている。まず目につくのは、表題である。扉では「ウクライナ・日本語辞典」、奥付では「ウクライナ日本語辞典」と中黒が抜けており、統一されていない。

　クリャブコ＝コレツキーの序文はウクライナ語のみで、ヂブローワとオヂネツの序文はウクライナ語・日本語併記、ヂブローワの「ウクライナ小論」は日本語のみとまったく異なる形式で書かれている。よって、クリャブコ＝コレツ

図5-9　ヴィクトル・クリャブコ＝コレツキー著「序文」

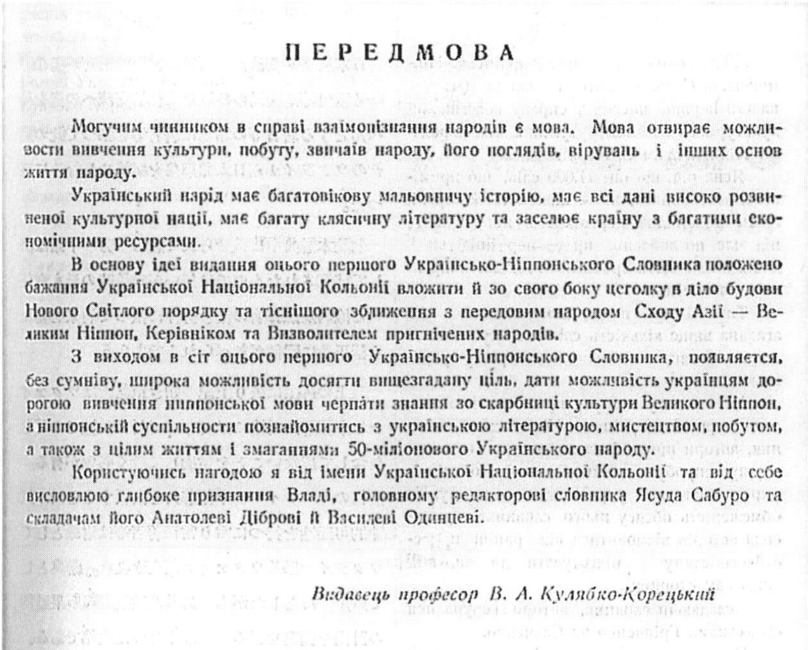

ПЕРЕДМОВА

　Могучим чинником в справі взаємонізнання народів є мова. Мова отвирає можливости вивчення культури, побуту, звичаїв народу, його поглядів, вірувань і інших основ життя народу.

　Український нарід має багатовікову мальовничу історію, має всі дані високо розвиненої культурної нації, має багату клясичну літературу та заселює країну з багатими економічними ресурсами.

　В основу ідеї видання оцього першого Українсько-Ніппонського Словника положено бажання Української Національної Кольонії вложити й зо свого боку цеголку в діло будови Нового Світлого порядку та тіснішого зближення з передовим народом Сходу Азії — Великим Ніппон, Керівніком та Визволителем пригнічених народів.

　З виходом в сьвіт оцього першого Українсько-Ніппонського Словника, появляется, без сумніву, широка можливість досягти вищезгадану ціль, дати можливість українцям дорогою вивчення ніппонської мови черпати знання зо скарбниці культури Великого Ніппон, а ніппонській суспільности познайомитись з українською літературою, мистецтвом, побутом, а також з цілим життям і змаганнями 50-міліонового Українського народу.

　Користуючись нагодою я від імені Української Національної Кольонії та від себе висловлюю глибоке признання Владі, головному редакторові словника Ясуда Сабуро та складачам його Анатолеві Діброві й Василеві Одинцеві.

Видавець професор В. А. Кулябко-Корецький

【出典】OSEREDOK所蔵。

116

図5-10　アナトリ・ヂブローク、ワシーリ・オヂネツ著［序文］

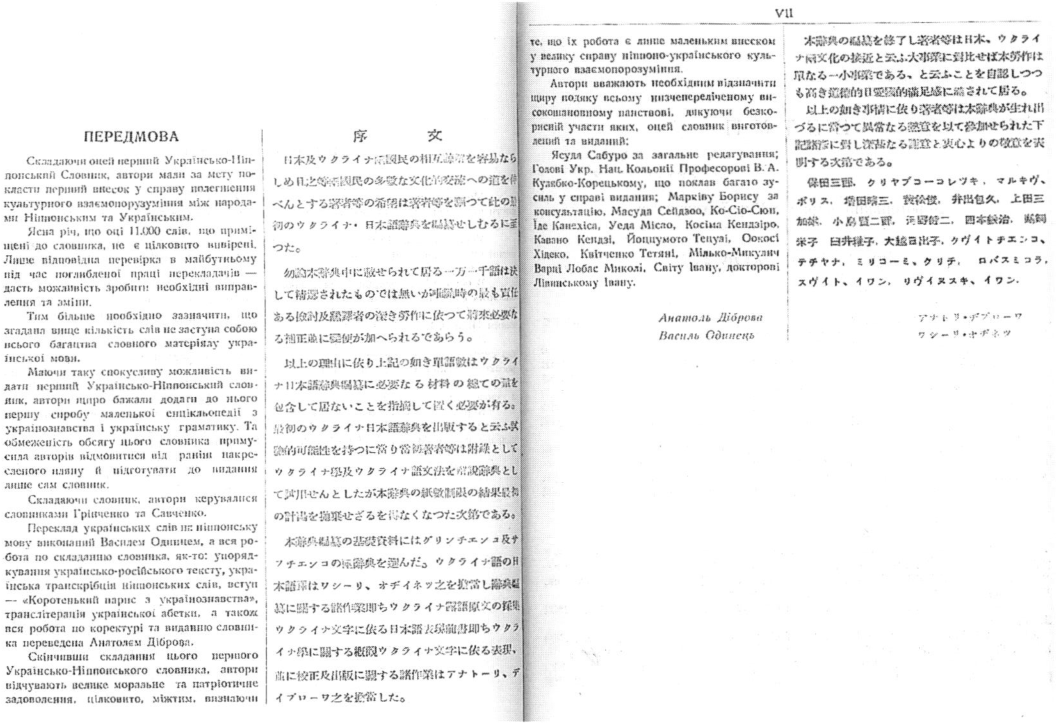

ПЕРЕДМОВА

Складаючи оцей перший українсько-ніп-
понський Словник, автори мали за мету при-
класти перший випуск у справу взаємного
культурного взаєморозуміння між народа-
ми Ніппонським та Українським.

Якщо річ, що оці 11.000 слів, що примі-
щені до словника, це є піонерче звіряні,
Лише відмітна первісна в майбутньому
під час поглибленої праці перекладачів —
дасть змогливість зробити необхідні випра-
влення та зміни.

Тим більше необхідно зазначити, що
згадати вище кількість слів не засягне собою
всього багатства словного матеріяли упра-
вильної мови.

Маючи таку свідомість можливість ви-
дати перший Українсько-Ніппонський слов-
ник, автори щиро бажали додати до нього
першу спробу маленької енциклопедії з
українознавства і українську граматику. Та
обмеженість обсягу цього словника прину-
сила авторів відмовитися від рамки викрес-
леного ними й відсунули до видання
лише сих словника.

Складаючи словник, автори керувалися
словниками Грінченка та Самченка.

Переклад українських слів на ніппонську
мову виконаний Василем Одинцем, а всі ро-
боти по складанню словника, якто: упоряд-
кування українсько-ніппонського тексту, укра-
їнська транскрипція ніппонських слів, вступ
— «Короткий нарис з українознавства»,
транслітерація українських абеток, а також
вся робота по коректурі та видавню словни-
ки переклав Анатолем Дібровою.

Спільними складами цього першого
Українсько-Ніппонського словника, автори
підсували, щоб велике моральне та патріотичне
задоволення, піснемовля, хвилин, важливого

те, що їх робота є лише маленьким внеском
у велику справу ніппоно-українського куль-
турного взаєморозуміння.

Автори вважають необхідним підкоренти
щиру подяку нашому інженереничному ви-
сокошановному щастивом, лишучим безко-
рисної участи яких, оцей словник нигото-
влений та задання:

Ясуда Сабуро за активне редагування,
Ґоспні Укр. Нац. Колонії Професорові В. А.
Кульбіда-Корешашкову, що послав багато зу-
силь, у справі видання. Марсіну Борису зу-
консультантам. Масуда Сейшіро, Ко-Сіба-Сон,
Іае Камехіко, Угая Місто, Косіна Кензаро,
Камно Кенцбі, Яамушкого Теяуй, Осоноі
Хівасо, Кайченко Теташі, Мйамко-Мисудин
Верил Любіс Миколі, Саггу Інану, докторові
Лінпівського Інату.

Анатоль Діброва
Василь Одинець

［出典］OSEREDOK所蔵。

図5-11 　『ウクライナ日本語辞典』奥付

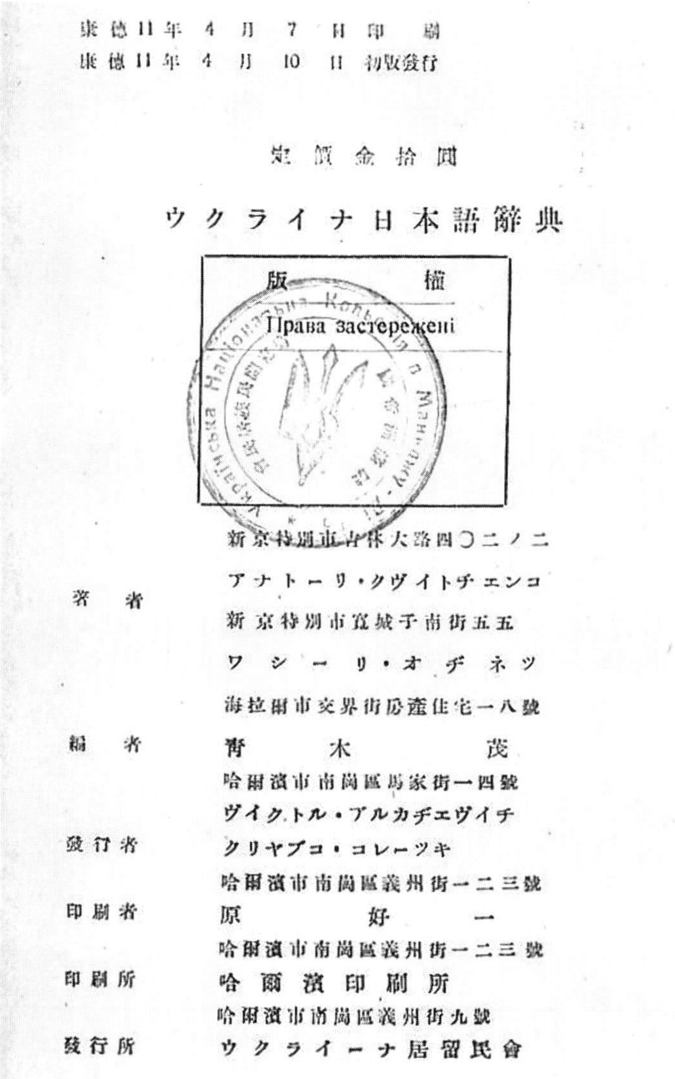

康徳11年 4 月 7 日 印　刷
康徳11年 4 月 10 日 初版發行

定 價 金 拾 圓

ウクライナ日本語辭典

版　權
Права застережені

新京特別市中林大路四〇二ノ二
アナトーリ・クヴイトチェンコ
新京特別市寛城子南街五五
ワ シ ー リ・オ ヂ ネ ツ
海拉爾市交界街應産住宅一八號

著　者

編　者　　　青　木　　茂
哈爾濱市南崗區馬家街一四號
ヴィクトル・ブルカヂェヴィチ

發行者　　　クリヤブコ・コレーツキ
哈爾濱市南崗區義州街一二三號

印刷者　　　原　　好　　一
哈爾濱市南崗區義州街一二三號

印刷所　　　哈　爾　濱　印　刷　所
哈爾濱市南崗區義州街九號

發行所　　　ウクライーナ居留民會

【出典】OSEREDOK所蔵。

118

キーの序文は、そもそも日本人に読ませることを想定していなかったと思われる。一方、ヂブローワとオヂネツの序文は日宇両言語併記で、日本人に読ませることを想定していたと思われる。また「ウクライナ小論」は日本語のみで日本人読者を対象にしていたと考えてよい。著者については、表紙では「アナトリ・ヂブローワ」と「ワシーリ・オヂネツ」となっているが、奥付ではヂブローワではなく「アナトーリ・クヴイトチエンコ」となっている（図5-11）。第3章でも書いたとおり、クペツィキーによると、ヂブローワは偽名で、本名はティシチェンコである。この頃は、配偶者の名前であるクヴィチェンコを名乗るようになっていた。クヴィチェンコは新京市（現在の長春市）、オヂネツは海拉爾市（現在の中華人民共和国内モンゴル自治区海拉爾区）に居住していた。オヂネツの名前は『建国大学要覧』でも確認でき、1941年頃満洲国の「外務局嘱託」であり、新京の建国大学で兼務講師としてロシア語を教えていた[22]。

　スヴィットによれば、辞書の出版が計画されたのは1939年の後半であった。この計画は、満洲国の首都新京とハルビンでほぼ同時に起こり、その主な理由は、「多くの日本人がウクライナの言語と文学に精通したかったから」であった[23]。ただこの時は、ハルビン特務機関の同意が得られなかった。

　出版費用は、ハルビン特務機関や南満洲鉄道から出されたのではないかと推論されることもあるが、辞書の奥付や内容からは分からない。スヴィットによれば、その主な費用は1939年に死去したペトロ・ゴロビーの遺産から賄われた。ゴロビーは1881年にポルタヴァ生まれで1898年から満洲で鉄道関連の仕事を始め、1918年以降は極東におけるさまざまなウクライナ人団体の職に選出され、1919年から22年までは極東地域協同組合「チュマック」の議長を務めた。1919年5月には「極東ウクライナ人の国家文化自治憲法」を採択した第2回ウクライナ極東地域評議会にも参加している。またアタマン・グリゴリー・セミョーノフともつながりがあり表彰もされた。1922年11月26日にソ連当局により逮捕され、1924年に「チタ裁判」で死刑判決を受け、減刑後に投獄された[24]。1930年にソ連から満洲へ逃亡し、その後ハルビンで出版社と劇場を営んだ[25]。ゴロビーは裕福であったようで、その死に際しては2万5000円がウクライナ人居留民会に対して遺贈された。そこから辞書の出版費用が出されたが、辞書の発行者でもあったウクライナ人居留民会議長のヴィクトル・クリャブコ

＝コレツキーが、1944年にその任を解任された際、ゴロビーの遺産を横領していたことが発覚した。にもかかわらず、辞書の序文はクリャブコ＝コレツキーが執筆し、またオヂネツとヂブローワの序文では彼に対する謝辞も述べられている[26]。

　出版に向けた財政的な問題も解決したため、1940〜41年の冬頃には、ウクライナ語と日本語の辞書を発行することは決定されていたようである。編纂者としては、オヂネツとヂブローワがこの仕事を引き受けた。辞書の「序文」によれば、ウクライナ語の日本語訳をオヂネツ、ウクライナ語やロシア語の原文の採集、ウクライナ文字による日本語表現や前書き、校正、出版に関する諸作業はヂブローワが担当した。ヂブローワ、すなわちティシチェンコの義兄弟であったクペツィキーもこの頃から辞書のプロジェクトを手伝うようになった。その中で、クペツィキーはヂブローワから以下のような告白を受けた。

　　　1941年の春、私はその辞書に関する特別会議のために彼（著者注：ヂブローワ、ティシチェンコ、クヴィチェンコ）のところに行った。私たちは2泊3日をともに過ごし、辞書だけでなく、ウクライナ情勢全般についても心ゆくまで話した。彼は思っていたよりも、ウクライナとウクライナ政治問題全般に精通していた。彼はボルシェビキが自分をこちら側に送ったと私に打ち明けたが、日本人にそれについて話していなかった。ただ、彼はウクライナ人のためにしか働けないと思い、ボルシェビキのために働かなかった[27]。

　つまり、ヂブローワは、もともとはソ連側によって諜報目的で満洲に送り込まれたが、関係を断ち、ハルビンのウクライナ人側に立っていたのである。また、同じ頃、ヂブローワは、ダニレンコのロシア語小説『私たちが自分を犠牲にするとき』のウクライナ語への翻訳にも取り組んでいた（**図5-12**）。ヂブローワはクペツィキーに相談し、「ニコライ2世の肖像画」を「ヘーチマン・マゼーパの肖像画」といったように、本の中のロシア的な表現を勝手にウクライナ的なものに改変した。それに対しダニレンコは「これは翻訳ではない」と同意しなかった[28]。

図5-12　フョードル・ダニレンコ著『私たちが自分を犠牲にするとき』（1937年）

【出典】岡部蔵。

ヂブローワ、オヂネツはともに流暢な日本語を話すことができ、とくにオヂ
ネツは中国語の専門家であり、漢字が共通していることから、日本語もよく読
めた。スヴィットによれば辞書の編纂作業は以下のとおりであった。ヂブロー
ワがウクライナ語の単語を書いたのちに、日本語で音訳を書いた。オヂネツは
ウクライナ語の単語を日本語に翻訳した。彼らはともに、満洲国の首都のさま
ざまな機関で働いた経験があったため、辞書編纂に興味を示した何人かの日本
人を見つけることができた。

　表5-1は、同辞書にウクライナ語と日本語併記で書かれた「序文」で「本辞
典が生まれ出づるに当たって異常なる熱意を以て参加せられた下記諸彦に対し
深甚なる誠意と衷心よりの敬意を表する次第である」とされた人物をまとめた
ものである。そこには日本人協力者10名の名前も書かれているが、そのうち女
性2名（鵜飼米子、臼井雅子）は日本語には名前があるが、ウクライナ語にはな
い。1名なら単なるミスとも考えられるが、2名の名前が抜けるのはいささか
不自然である。本の扉の部分では、スヴィットの著作と同じように編者が保田
三郎となっているが、奥付では「青木茂」となっている。同一人物であったか、
それとも別人で青木は単なる本の編集担当だったのかは分からない[29]。
スヴィットによれば、翻訳者として数人の日本人専門家が加わり、1941年春頃
から編集が始まった。編集スタッフは最大8人の日本人で構成されており、そ

表5-1 『ウクライナ・日本語辞典』編纂参加者一覧

氏名（「序文」の日本語表記通り）	付　　記
保田三郎	「編纂」担当。奥付では「編者」は「青木茂」
クリヤブコーコレツキ	ウクライナ人居留民会会長。ハルビンの聖ウラジーミル大学、北満学院で工学部長などを歴任。スコロパツィキー政権のウクライナ国で内務次官、郵政局長（閣僚）を歴任しながらもその後、ハルビンに来てからは親ロシア姿勢に転じ、白系露人事務局設立後は、ウクライナ系住民の同事務局への登録を促すなど全面的に協力。1940年にはハルビン特務機関によってウクライナ民族の家代表に任命。
マルキヴ、ボリス	ウクライナ民主主義者組織のフリホリー・クペツィキーの偽名。辞書の著者ヂブローワ（ティシチェンコ、クヴィチェンコ）の義兄弟。

氏名（「序文」の日本語表記通り）	付　記
増田晴三	満洲国外交部勤務。1940年時点で満洲国外務局政務処高等官試補属官。
黄松俊	「序文」のウクライナ語表記 Ko-Cio-Cюн
井出包久	「序文」のウクライナ語表記 Їде Kahexica
上田三加雄	「序文」のウクライナ語表記 Уеда Micao
小島賢二郎	「序文」のウクライナ語表記 Kocima Кендзіро
河野賢二	「序文」のウクライナ語表記 Кавано Кендзі
四本鉄治	「序文」のウクライナ語表記 Йоццумото Тецузі
鵜飼米子	「序文」のウクライナ語版に名前がない。タイピストか？
臼井雅子	「序文」のウクライナ語版に名前がない。タイピストか？
大越日出子	「序文」のウクライナ語表記 Ookoci Xideko
クヴィトチエンコ、テチヤナ	クペツィキーによれば、アナトリ・ヂブローワ（ティシチェンコ、クヴィチェンコ）の妻。
ミリコーミ、クリチ	日本語版の句点の打ち方が誤植。正確には「ミリコ、ミクリチ」。ミクリチ＝ミリコ・バルカ Микулич-Мілько Варка (Варвара Андріївна) は、ウクライナ青年連盟 SUM（СУМ）やウクライナ極東シーチに積極的に参加し幹部を務める。タイピング技術も習得しており、辞書編纂に参加した。夫のミクリチ・オレーシ・ステパノヴィチ Микулич Олесь Степанович とともに、ハルビンのアマチュア劇団でも活躍。
ロバスミコラ	1944年のウクライナ人居留民会名簿によれば1908年生まれ。ウクライナ教会関係者。チューリン商会の会計士として働く。ウクライナ人居留民会長老ラーダメンバー。戦後は、ソ連側で働く。
スヴィト、イワン	『満洲通信』編集者。
リヴィヌスキ、イワン	東洋学者のステパン・レヴィンスキー。パリ政治学院博士、在ハルビン・ポーランド領事館通訳官、後にサイゴンのフランス総督府通訳。日宇語ともに「イワン」と記載（誤記？）。

【出典】ヂブローワ、オヂネツ「序文」『ウクライナ・日本語辞典』Ⅶ。「序文」の記載順。氏名については日本語のカタカナ表記は原文のまま。チョルノマズ『中国のウクライナ人』や各種史料を参照して作成。

の中で増田晴三がリーダーであった[30]。増田晴三の名前は、『康徳8年満洲国官吏録』で確認でき、1940年の時点で満洲国外務局政務処高等官試補属官であった[31]。中華系と思われる黄松俊とウクライナ語版で名前がなかった2名を除くと「序文」の日本人の名前は保田と増田を含めてちょうど8名であり、スヴィットのいう日本人編集スタッフと考えていいだろう。名前がなかった鵜飼と臼井はタイピストであったかもしれない。

　辞書の最初の35頁あまりは東洋学者として知られ、当時ハルビンに在住していたステパン・レヴィンスキーがチェックした[32]。東洋学者であったステパン・レヴィンスキー（1897〜1946年）は、著名な建築家イヴァン・レヴィンスキーの子である。リヴィウ工科大学卒業後、1922年にパリ政治学院で博士号を取得し、1929年に国立東洋言語学校日本語学科で学び、東洋学の博士号を取得した。『日本の家から』という著作でリヴィウ・イヴァンフランコ記念作家・ジャーナリスト賞を受賞した。ポーランドの政党であったウクライナ国民民主同盟УНДОの支援を受けポーランドの外交官となり、1936年から1940年にかけてハルビンのポーランド領事館で貿易経済担当官兼翻訳者を務めた。カルパト・ウクライナに対するポーランドの政策に抗議して1939年1月19日に辞任したが、УНДОからの圧力を受けて、辞任を撤回せざるを得なかった。1936年には緑ウクライナのカラー地図の出版に資金を提供し、編集も行った。1937年、レヴィンスキーの主導でウクライナ語に取り組むグループが結成され、スヴィットが編集者であった『満洲通信』とも協力した。1942年にはサイゴンのフランス総督の翻訳官となり、1946年にパリで病没した[33]。

　レヴィンスキーが北京に移ったため、その作業はスヴィットによって引き継がれた。今度はスヴィットが上海に移ったため、残りの編集作業は日本人に引き継がれたが1941年秋の印刷・出版は無理と分かった。オヂネツは、編集のため、まず5部のコピーを作成する必要があったが、日本人タイピストを見つけるのが難しく、彼自身が日本語のテキストを準備した。秋頃には日本人タイピストが見つかり、また活字化と修正のスピードが速まった。一方、日本語の単語をウクライナ語へ活字化する作業は、ヂブローワによって3か月かけて行われ、6万語以上が音訳された。1943年3月17日、ヂブローワがスヴィットに送った手紙では、写真の掲載を希望していたが、叶わなかった[34]。その後、『ウク

ライナ・日本語辞典』は1944年4月10日初版発行となった。

　本章を終えるにあたって、同辞書の残存状況について記しておきたい。同辞書は、1944年に出版された際に、相当数が公的機関や大学などに贈られたとされる。また多くはウクライナ人居留民会によって保管されていたが、ソ連軍のハルビン占領後の行方は分からない。中井和夫は、1981年にニューヨークのスヴィットの自宅を訪れ、この辞書について尋ね、原本を見せられている[35]。スヴィットはニューヨーク公共図書館のマイクロフィルムに収めたとしており、また日野も、中井がそのマイクロフィルムからコピーしたものを使用したと書いている[36]。しかし現在、ニューヨーク公共図書館のOPACを検索しても、同じくスヴィットがマイクロフィルム化した『満洲通信』は索引にあるものの、辞書に関してはデータがない。一方、スヴィット自身が著作の中で、献本先を記している。辞書の刊行後、スヴィットは6冊を入手することができ、1冊は自分の手元に残した。1冊は、辞書編纂に携わり、当時サイゴンでフランス総督の通訳官となっていたステパン・レヴィンスキーに、そして彼と親しくフランスに住んでいたウクライナ人写真家・作家のソフィア・ヤブロンスカに1冊ないし2冊が贈られた。残りの2冊は、スタンフォード大学図書館とカナダ・ウィニペグのウクライナ・センターに贈られた[37]。その2冊は現在でも両館に現存しており、見ることができる。なお、本章で使用した原本は、後者のウィニペグのウクライナ文化教育センターOSEREDOKに残されたものである。最後に**史料5-1**として『ウクライナ・日本語辞典』冒頭に収録されたアナトリ・ヂブローワによる日本語のみの「ウクライナ小論」の全文を公開しておきたい。そこからはハルビンのウクライナ人がどのような思いで、この世界初の宇日辞書編纂に情熱を傾けたのか、そして何を日本人に伝えたかったのかが文面から伝わってくるようである。

史料 5-1　アナトリ・ヂブローワ「ウクライナ小論」

ВСТУП

Анатоль Діброва

アナトリ・ヂブローワ

Коротенький нарис з Українознавства

『ウクライナ小論』

第一節

「ウクライナ」と云う言葉は「スラブ」語の「クライナ」（国生れ故郷を意味す）と云う語から出て居る。遠い昔からウクライナ民族が居住して居た地域を「ウクライナ」と称する。

　歴史の語る所に依ると「ウクライナ」民族は其の歴史的発展の或る時代に於て「ウクライナ」と云う名称の外にもう一つ外部から齎された「ルーシ」と云う名称を持って居た。然し乍ら時の経つにつれて北方隣接民族たる「モスクワ」民族（現在ロシヤ人と称せられる）に依って此の名称は占有併合され、人種学上はた又文化上に全く特異な存在を示して居た「ウクライナ」人は彼等にとっては第二義的なる「ルーシ」と云う名称を放棄し、事実上数世紀の長きに亘って「ウクライナ」なる名称を用い来ったのである。されば上記の如く、この名称は「スラブウクライナ」語に起因し、「ウクライナ」民族形成当初より存在して居たのである。

　さて「小ロシヤ」と言う語は「ウクライナ」人にとっては全く無関係なものであり、その起源も外国に発して居るのである。此の語は「ウクライナ」と「ロシヤ」の所謂「血縁関係を強調する為に「ロシヤ」人が殊更使用し来ったものである。之より「小ロシヤ」「大ロシヤ」なる語が作為的に創造され所謂「ロシヤ」民族の三系統、即ち「大ロシヤ」「小ロシヤ」「白ロシヤ」の起源は同一なりと云う偽説の顕著なる原因となって居る。

第二節

「ウクライナ」民族はДревляни, Волиняки, Уличи, Северяни, Тивер-

126

ці, Бужани.等の「スラブ」民族が混交して出来たものである。而して之等の民族は漸時土地を占有しつつ「ブリドネプローウイエ」地方即ち「ドネプル」河両岸に沿った地域に定住し、現在此の地域は九三万平方粁米以上に及んでいる。此の地域は地政学、地理学上乃至人種学上より見て完全に独立して居る。

一九四一年一月一日現在では前記地域の人口は五四〇〇万を数え、この中ウクライナ人は八二％以上を占めて居る。

正しく「スラブ」民族たる「ラクライナ」人は、一千年を経て今日に至る迄、性格に於て、はた又生治に於て、自己の遠き祖先なる「スラブ」民族の総ゆる根本的性格の特徴を保持し来ったのである。

種々様々なる歴史的原因により「ウクライナ」人の一部は集団をなして『中央アジヤ』『シベリヤ』『カナダ』『極東』地方へ移住した。己が故郷を離れ、遠く祖国より数千粁を隔てた土地に居住した移住の民—『ウクライナ』人は、新らしき土地に自己民族の総ゆる色彩を移植し、彼等を囲繞する他民族とは決して混交しなかった。

此の点極東地方は非常なる特異性を有する。

即ち此の地方は『ウクライナ』移住民にとって第二の故郷なりと云うも過言ではないのである。地理学的にも気候上から云っても（特に沿海州は）『ウクライナ』と酷似して居る。此の事は『ウクライナ』移住民が速に此の地方を自己の物となし自己の生活の総ゆる特異性と自己文化とを新しき土地に保存する事に与って力があった。極東地方に於ける『ウクライナ』移住民の経済建設、及び其の総ての習慣は、『ウクライナ』に於て見るのと驚く許り似て居る。此の地方が極東に於ける『ウクライナ』人の植民地、第二の『ウクライナ』『緑のウクライナ』（緑のウクライナなる名称は地理的には極東沿海州を指して居る「緑の楔」と云う有名な地理学上の言葉に起源して居る）と呼ばれるのは少しも驚くには当らない事である。一九四三年初頭までの極東地方全人口の二七〇万中『ウクライナ』人一二五万、ロシヤ人一一〇万、其の他のもの三五万であったと云う事は特に強調せねばなるまい。

第三節

　全『スラブ』民族と、純粋ではないが歴史的原因に依り『スラブ』文化の洗礼を受けた『スラブ』人（セルビヤ人、ブルガリヤ人、ウクライナ人、スロバキヤ人、スロヴェニヤ人、白ロシヤ人、ワロアト人、ロシヤ人）は多かれ少なかれある程度言語の相違性を有つ、と云うのは彼等の言語（方言）は其の源を古代「スラブ」語に発しているからである。『スラブ』民族の総ゆる言葉の中で『ウクライナ』語は『セルビヤ』語に頗る近似して居る。他の総ての言葉と同じく『ウクライナ』語も其の言語学的価値は同一なるも其の方言（訛）に至っては種々雑多である。他民族の総ての言語と同じく『ウクライナ』語も其起源当初に分離せられた方言（訛）を持っている。この方言（訛）が『ドニエプル』河沿岸中央地方に居住する『ウクライナ』住民の言葉である。

第四節

　「ウクライナ」民族の国家的—政治的生活は十世紀の終りに始まる。

　「ウクライナ」人移住地域に於ける動物資源（狩猟、漁業）の利用は隣接民族との商業的、文化的相互関係の発達を促した。「キエフ」市は経済的、文化的—政治的中心地となった。政治的指導者たる貴族の出現し九八〇年には「ウクライナ」最高支配者「ウラジミル」大侯が「ウクライナ」人の間に正教を導入し洗礼を施した。

　「ギリシヤ」正教の教会が「ウクライナ」民族の文化的発達に非常なる好影響を与えた事は疑う余地の無い事である。と同時に、これは又「ウクライナ」民族をして隣接民族間に正教を植付ける役割を演ぜしめることとなった。「ウクライナ」の伝道者達は正教思想を北方に齎し「モスクワ」人（現在のロシヤ人）、白ロシヤ人及其の他の民族を正教に引入れることに極めて重要なる役割を演じたのである。

　特記しなければならない事は、「モスクワ」人（現在のロシヤ人）の「ギリシヤ」正教改宗に大なる役割を演じた「ウクライナ」民族は此の隣接民族に対する信用感を失い、改宗に払った其の努力を後悔するに至ったことで

ある。

　何故後悔するに至ったかと云えば「モスクワ」人（現在のロシヤ人）は其の民族的発生が「ウクライナ」民族のそれとは全然異なるものであり、更に又、「ウクライナ」人より「ギリシヤ」正教を継承し、文化方面に於ても「ウクライナ」文化の恩恵を蒙ったにも拘らず、彼等は多数の歴史的原因並に有為転変を利用し、自己及び「ウクライナ」前代歴史、所謂「キエフ」──「ロシヤ」「ウクライナ」時代の歴史を歪曲して「ウクライナ」民族との血族関係を強調するからである。

　此の偽説成立には「ロシヤ」人及び「ウクライナ」人が各々同一の宗教たる「ギリシヤ」正教を信仰して居ると云う事が大いに役立って居る。

　　　　第五節

「ウクライナ」文化達成の宝庫の中で第一位を占めるものの一つは民族的芸術語の達成である。

　「ウクライナ」詩の発達は昔から二つの方面に発達して居る。

　之等二つの方面は絶えず相互に影響し助け合って居る。第一の方向、之は口碑民族詩であり、第二の方向は文学である。

　「ウクライナ」民族詩の大部分は「ウクライナ」民族の遠い昔の過去、未だ此の民族が異教徒であった時代に其の派生の根源を失われて居る。斯くの如く多数の詩は各種の異教徒の儀式と関連を有し居た。

　「ウクライナ」民族は又寓話、短編小説、童話（お伽噺）、諺、謎等の如き口碑叙事詩にも富んで居る。

　最古の文学作品の傑作の一つは「イゴール公出征譚」である。之は古代「ウクライナ」語で書かれた一一八五年「ウクライナ」貴族「イゴール」公の出征物語である。

　一八世紀の終り迄「ウクライナ」文化は宗教的、哲学的人生観の影響を受けつつ発達し古代「スラブウクライナ」語が使用されて居た。

　「ウクライナ」文化の発達に極めて重要な影響を与えたのは「イワン、コトリヤレフスキー」の作品である。此の作品が一九世紀初頭に於て民族語を文学に導いた最初のものである。彼の「エネイダー」及びその劇作品

は文学分野に於ける新傾向の典型であり「イワン、コトリヤレフスキイ」自身も正しく新ウクライナ文学の父と称し得るのである。

　彼に続いて「グラーク、アルチエモフスキー」「グレビンカ」「クヴイトカ、オソノフヤネンコ」等の作家が現れた。

　一九世紀の四〇年代に至り「キエフ」市に「キリル・メホジエフスコエ」結社が設立され「ウクライナ」文化の最高峰たる「コストマーリフ」「クーリシコ」「シエヴチエンコ」「ビロゼールスキイ」其の他を統合した。

　此の時代は又其後名声を馳せた詩人「タラス、シエヴチエンコ」の創作最盛期でもあった。「キリロ、メホジエフスコエ」結社は文化的、民族政治的結合をなせる結果、間もなく当時の「ウクライナ」「ロシヤ」政権の東部有力者の注目する所となり解散せられた。多数の「ウクライナ」の学者、作家、其の中の「タラス・シエヴチエンコ」も有罪を宣告され流刑に処せられた。「ウクライナ」民族文学の刊行に関しては苛酷なる圧迫が行われた。種々の歴史的原因のため当時「ロシヤ」統治権下に在った「ウクライナ」地方に於ては、「ウクライナ」民族文学の発達は暫時停止、麻痺せねばならなかった。

　之に続いて西部隣接政権の下にあった「ウクライナ」地方では文芸復興が開始され、ロシヤ政府の弥々厳重なる圧迫の継続にも拘らず、一九世紀の六〇年代から始って「ウクライナ」芸術語は一層猛烈なる発達を遂げた。「マルコ、ウオウチヨーク」「ネチユーイ・レウイツキー」「パナス、ミールヌイ」「ア、コヌイシキー」等有名な作家が現われた。

　一九世紀末から二〇世紀初頭にかけては「イワン・フランコ」「ミハイロ、コツユピンスキー」及び其れに続いて「レーシヤ、ウクラインカ」「クルイムスキー、サミイレンコ」、二〇世紀には「ミコラ・ウオローヌイ」「カシチエンコ」「チユプリンカ」「ミコラ、フウイリオーウイ」等多数の著名作家が輩出した。

　　　　第六節

「ウクライナ」文化の発達に少からざる意義を与えたものは劇場である。劇場は興味ある過去を持つ。之に就いては一言次に述べねばなるまい。

130

十七世紀の宗教劇は「ウクライナ」民族劇場の起源であった。十九世紀初頭の「ウクライナ」劇場は民族復興期の体験を[著者注：判読不能]めた。新らしき文化の父「イワン、コトリヤレフスキー」は芸術的「ウクライナ劇『«Наталка Полтавка»』『«Москаль чарівник»』等の傑作を発表した。

　十九世紀後半初頭「ロシヤ」政府は暴風雨の如く広がり行く「ウクライナ」民族劇場の勢力を恐れ憤怒と弾圧を之に下した。例えば「キエフ」総督は一八八三年有名な特別法令を発布して「ウクライナ」劇場の設立を厳禁した、ポルタウ、Чернигівщина, Поділля, Волинь等は「ウクライナ」劇禁止地帯となった。而して此の法令は一八九三年迄効力を有していたのである。此の法令の起源に関しては次の如き説が流布されている。

　「ロシヤ」高等官の「テイマシエウイチ」、伯爵「ドミートリ・トルストイ」「ポタポフ」及び二等文官「ミハイル・ユゼフオウイチ」（ポーランド出身）は「ロシヤ」皇帝「アレクサンドル」二世が「ウクライナ」に関する上申書を検閲することを具申し、就中その中に於て「ウクライナ」語で種々の演劇を上演することを禁ずると共に「ウクライナ」語の楽符印刷を厳禁すべしと建言した。

　此の上申書に対し「ロシヤ」皇帝は「正しく然り」と云う決定をなした。而して之を理由として、特別法令が発布され「ウクライナ」語の書物の刊行並に劇場での「ウクライナ」歌謡上演が厳禁された。

　十九世紀の終りに至り多くの理由はあるが特に自己民族復興のため「ウクライナ」民族が極めて頑強なる闘争を絶えず行い外国の迫害に抗して行った結果、「ウクライナ」劇場は正式に許可されたが、其の仕事に対してはロシヤ官憲の総ゆる迫害が行われたのである。

　斯くして極めて恵まれざる条件に於て、絶えず弾圧される状態に在り乍ら「ウクライナ」劇は偉大なる芸術的、民族的役割を演じ「ウクライナ」人の前に立派な作品を提供したのである。

　此の作品を挙げれれば

　オペラ «Наталка Полтавка», «Запорожець за Дунаєм», «Ніч під Різдво».

歌劇 «Сватання на Гончарівці», «Не ходи, Грицю, на вечерниці».

歌 «Москаль чарівник», «Назар Стодоля», «Про що тирса шеле-стіла», «Степовий гість»

其の他がある。

第七節

「ウクライナ」民謡には非常に興味深いものがある。と云うのは此の民謡には勇猛、剛毅、大膽なる反面頗る情に脆い「ウクライナ」魂が確然と反映されて居るからである。現在二万以上に達する「ウクライナ」民謡及び、歴史的抒情詩は、「ウクライナ」民族英雄の偉大を讃え「ウクライナ」民族の歴史の中に起った有名な事件を歌って居る。

多くの「ウクライナ」民謡は風俗的性格を帯び「ウクライナ」民族の苦難の生活に広汎なる理解を与えて居る。

「ロシヤ」文学者「ゴーゴリ」は其の論文の一説に「ロシヤ」民謡とウクライナ「民謡」を比較して次の如く書いて居る。

「ロシヤ」の悲痛な音楽は人生の忘却を表現して居る。

即ち、それは努めて現世から逃避せんとし日々の不如意と煩悶を和げんとして居る。が「ウクライナ」民謡は生命と渾然一体である。即ち、其の調子は生けるものの如く、叫びではなく、物語る言葉で話す、然も雄弁に於るが如く人の心を打つものがある。其の鋭い音は往々人の叫にも似て鋭利な刃物にでも触れたかの如く突然戦慄を憶えしむる。援護なき冷淡なる絶望に、聴くものをして時に自己を忘却せしめ、既に此の世から希望が飛び去って行ったかの如き感を与えしむる一方、断続的なる嘆息と慟哭とは活々とし聴くものをして「之が音声か?」と戦慄もて自問せしむるであろう。

本小論の目的は「ウクライナ」の簡単なる紹介に止まる。本小論を結語するに当り、尚「ウクライナ」に関する詳細な知識を得たい研究家には「ウクライナ」語で発行されて居る各種の学術及文学に関する文献を閲覧されん事を勧めるものである。

アナトリ、ヂブローワ

【出典】アナトリ・ヂブローワ、ワシーリ・オヂネツ『ウクライナ・日本語辞典』ウクライーナ居留民会、1944年、Ⅶ～Ⅹ（頁番号なし）。なお、旧字体・旧仮名は現代表記に改めた。

注

※本章の執筆にあたっては、ビャチェスラフ・チョルノマズ氏、エフゲーニ・ヤコブキン氏、ロマン・ラフ氏から『遠東雑誌』の画像のご提供をいただいた。OSEREDOKのオレンカ・スクルプニューク氏ならびにアレクサンドラ・スカンドリー氏には『ウクライナ・日本語辞典』の画像提供にご尽力いただいた。また辞書全般に関しては中澤英彦先生よりご助言をいただいた。併せて感謝申し上げたい。

（1）　Чорномаз. В.Українці в Китаю (перша половина ХХ ст.) ...– С.51–52.

（2）　Лах Р.Збірник "Далекий Схід" (1936 р.) як джерело до вивчення японського вектора сходознавчих досліджень Товариства українських орієнталістів у Харбіні // ХХI Сходознавчі читання А. Кримського: тези доп. міжнар. наук. конф., 17–18 листоп. 2017 р. Ін–т сходознавства ім. А. Кримського НАН України. – Київ, 2017. – С. 26–27.
Лах Р.Товариство українських орієнталістів у Харбіні (1936): китаєзнавчі студії // Збірник матеріалів IX Міжнародної науково–практичної конференції «Україна–Китай: діалогкультур» та Міжнародної науково–практичної конференції «Сучасні тенденції сходознавства», 16–18 квітня 2019 р. / Луганський національний університет ім. Тараса Шевченка. – Старобільськ, 2019. – С. 200–210.

（3）　同辞書の構成や言語学的分析についてさらに知りたい場合は以下を参照。日野貴夫、I. P. ボンダレンコ「〈ウクライナ・日本語辞典〉の半世紀」『外国語教育：理論と実践』20号、1994年。Хіно Такао, I. П. Бондаренко. Перший українсько–японський словник : научное издание // Всесвіт. – 2004. – N 3/4. – С. 45–52.　Малахова Ю. Структура словникових статей першого українсько–японського словника Анатолія Діброви та Василя Одинця // Вісн. Київ. нац. ун–ту імені Тараса Шевченка (Східні мови та літератури). – К. : ВПЦ "Київський університет", 2014. – Вип. 1 (20). – С. 25–28.

（4）　日野、ボンダレンコ「〈ウクライナ・日本語辞典〉の半世紀」45頁。

（5）　Чорномаз. В.Українці в Китаю (перша половина ХХ ст.) ...– С. 70–71.

（6）　ウクライナ東洋学者協会編『遠東雑誌』ウクライナ人居留民会、1936年、1頁。

（7）　Капранов С. Діяльність. Товариства українських орієнталістів у Харбіні(1936–1937 рр.) // Східний світ. Київ, 2011, № 3.– С. 76.

（8）　Чорномаз. В.Українці в Китаю (перша половина ХХ ст.) ...– С. 74–75.

（9）　ポダルコ・ピョートル『白系ロシア人とニッポン』成文社、2010年、95頁。

(10) Чорномаз. В.Українці в Китаю (перша половина XX ст.) ...– С. 55–56.

(11) Там само. С. 183–184.

(12) Там само. С. 37–38.

(13) 岡部芳彦『日本・ウクライナ交流史1915–1937年』57頁。

(14) ロマン・コルダ＝フェドリフの略歴については第3章脚注15を参照。

(15) Чорномаз. В.Українці в Китаю (перша половина XX ст.) ...– С. 108.

(16) ウクライナ人居留民会『遠東雑誌』4〜5頁。

(17) ウクライナ人居留民会『遠東雑誌』9〜17頁。

(18) 教授、化学者。チェコスロバキアで教鞭を執り、ハルビンに移ったあとはチューリン商会の研究所で化学研究を継続。ウクライナ人居留民会やプロスヴィータ協会でも積極的に活動を行った。Чорномаз. В.Українці в Китаю (перша половина XX ст.) ...– С. 505–506.

(19) 物理の教員、ハルビンのプロスヴィータ協会の創設者の一人。Там само. С. 102–103.

(20) 岡部『日本・ウクライナ交流史1915–1937年』119頁。

(21) 生田美智子「ハルビンにおける二つのロシア」生田美智子編『満洲の中のロシア：境界 の流動性と人的ネットワーク』成文社、2012年、59頁。

(22) 建国大学編『康徳8年度建国大学要覧』建国大学、1941年、51頁。『康徳9年度建国大学要覧』1942年、55頁。

(23) Світ I. Українсько–японські взаємини 1903–1945...– С. 295.

(24) 1923年から1924年にかけて、ソ連当局によって、極東ウクライナ共和国の約20人の指導者が逮捕され、裁判にかけられた。チタ裁判についてはスヴィットの以下の著作が詳しい。Світ I. Суд над українцями в Чіті (1923–1924 роки) // Лондон, 1964. –38 с.

(25) Чорномаз. В.Українці в Китаю (перша половина XX ст.) ...– С. 64–65.

(26) Там само. С. 113–114, 411.

(27) Купецький Г. Там де сонце сходить... – С. 266.

(28) クペツィキーは、1939年にダニレンコを訪ねており、ハルビン特務機関との関係を質問し喧嘩別れした。ダニレンコはウクライナ民族の家やウクライナ人居留民会の幹部であったので、クペツィキーのその後の活動に負の影響を与えたという。クペツィキーはダニレンコを「小ロシア人」と称している。Купецький Г. Там де сонце сходить... – С. 266–267.

(29) なお、奥付のもう一名の日本人で「印刷者」となっている原好一は、ロシア語書籍を取り扱っていたハルビン書房の経営者であったようである。「成瀬孫仁日記（五）昭和十六年十二月」『実録・個人の昭和史I（戦前・戦中・戦後直後）』メロウ伝承館（URL: https://www2.mellow–club.org/densho/modules/d3forum/index.php?post_id=3629　最終閲覧日：2021年5月2日）。

(30) スヴィットは著書で「スマダ・セイゾウ」と書いているが「増田晴三」の誤りである。

(31) 国務院総務庁人事処 編纂『満洲国官吏録：康徳7年4月1日現在』国務院総務庁

人事処、1940年、22頁。

（32）　Світ I. Українсько–японські взаємини 1903–1945...– C. 296.

（33）　Чорномаз. В.Українці в Китаю (перша половина XX ст.) ...– C. 117–118.

（34）　Світ I. Українсько–японські взаємини 1903–1945...– C. 296 – 297.

（35）　中井和夫「アメリカのなかのウクライナ、そして日本」『窓』45号、1983年、14
　　　　～16頁。

（36）　日野、ボンダレンコ「〈ウクライナ・日本語辞典〉の半世紀」45頁。

（37）　Світ I. Українсько–японські взаємини 1903–1945...– C. 297.

第6章　極北のウクライナ人と日本人
――1953年ノリリスク蜂起――

1　はじめに

　1953年に北極圏にある都市ノリリスクで起こった「ノリリスク蜂起」の詳細についてはウクライナでも、ロシアでも、一般にはあまり知られていない。また、日本のシベリア抑留研究において、特に1950年代以降のノリリスクの日本人抑留者についての研究は極めて少ない。理由の一つとしては日露双方の公文書の開示がいまだに不十分なことがある[(1)]。一方、ソ連各地の収容所でウクライナ人が出会った日本人抑留者についての目撃証言は[(2)]、ステファン・コスティックの研究で紹介されている。その中で、ノリリスクにおける日本人についての記述がある。ヴァシリ・ニコリシンとイヴァン・クルチツキーは以下のような証言を残している。

【その6】ストリー市のヴァシリ・ニコリシン氏の証言
　私は元強制収容所の捕虜として次の通り証言する。ノリリスク地方のあらゆる強制収容所で1953年に捕虜の暴動が発生した。当時、私は第五収容所に抑留されていた。この暴動の解決は私たちの人生の終わりを告げていた。翌朝9時に抑留されているすべての日本人捕虜を収容所の敷地内から外へ出すようにとの命令が暴動委員会から私に下ったのは暴動前日の正午だった。私はその日、収容所の秩序を保つことが任務として与えられた。私はすぐ他のウクライナ人捕虜と一緒に収容されていた日本人のバラックに行き、彼らの将校に会って言った。「明日は私たちは皆、射殺される。モスクワからベリア・パヴォビッチ（KGBの長）の特使としてクズニエツォフ将官が来ている。そして私たちの命は彼の決定次第であると言っている。従って私たちウクライナ人捕虜は日本人を明朝9時に外へ安全に誘導することを決めた。もしあなた方が生き延びたら、ウクライナ人の捕虜がなぜ暴動を起こしたか、またその結果射殺されたという事実を世界に伝えて欲

しい。」

　これに対して日本人将校は私に向かって片言のロシア語で言った。「ヴァシャ、私は日本人捕虜の仲間とこのことについて相談したい。」そうして、彼は300人の日本人捕虜を集めた。彼らは日本語で話し合った後、近づいて来て言った。「ヴァシャ、私たちはどこにも行かない。あなた達と一緒に死ぬ。」私たちはこの返事を聞いて非常に驚いた。なぜなら、この状況の中で誰もが生きることを望んでいるはずであると思っていたから。私は、「そうであればあなた方に感謝する。と同時に今からあなた方は暴動委員会の命令に従わなければならない。」と言った。私たちは日本人と一緒にバラックから出て有刺鉄線のバリケードを守る担当の所に行った。バリケードの一部200メートル区間の警備を日本人が担当することになった。日本人は立派にこの任務を果たした。翌日、ソ連軍の攻撃が開始され、捕虜の射殺が始まった。その後、私は逮捕されクズニエツォフ将官からの取り調べを受けるために送られた。日本人の消息はまったく分からなかった[(3)]。

【その11】カルシュ市のイヴァン・クルチツキー氏の証言

　ノリリスク地方に「国家の反逆者」のためにたくさんの収容所があった。そこに長い懲役刑の捕虜が収容されていた。この上に1948年にスターリンとベリアの独裁体制によってゴルラグ（国家特殊強制収容所）がつくられた。このゴルラグはいくつかの収容所から成り立っていた。1948年の10月の時点でこのゴルラグの第四収容所には4500人の「政治犯」が収容されていた。1949年の7月までにこの内の1500人が飢えと極寒の中で亡くなった。

　第四収容所はいくつかの作業大隊に分けられていた。私が所属していた作業大隊には50人の「政治犯」が含まれていた。この内訳は次の通りである：ウクライナ人37名、ロシア人5名、リトアニア人2名、ラトビア人1名、エストニア人2名、グルジア人1名、朝鮮人1名、日本人1名。私は皆の心にとても深い印象を残した「マツモト」という日本人について述べたい。

　1954年モスクワから彼の捕虜生活の終わりを告げる知らせが届いた時、彼は初めて私たちに自分のことを話し出した。彼は満州の知事の指名によ

って高い地位にいた。彼は電気技師であり、また法律の博士号も持っていた。彼の捕虜生活最後の日に収容所当局は彼に所持品（時計、家族の写真、いろいろな証書類、靴、洋服）を返した。彼はその時初めて妻や子供そして両親の写真を皆に披露した。一番興味深かった写真は彼の着物姿であった。彼はインテリで高い教養の持ち主であり、人間関係が上手な人だった。捕虜生活の間にすてきな思い出をたくさん残してくれた「マツモト」さんと別れることは非常に辛かった。もし日本でまだお元気でいらっしゃるなら、彼と彼の家族にぜひよろしくと伝えて欲しい。またぜひ元気で長生きしていただきたい[(4)]。

　コスティックは、これらの証言が「全ウクライナUPA協会会長」から提供されたと記しているが[(5)]、その典拠や証言者の詳細、また実際の日時などについては書いていない。ソ連時代、長年にわたりノリリスク蜂起について語ることは許されなかったが、日本では、数は多くはないが、1950年代中盤よりノリリスク抑留からの帰国者の証言が残っている。そこで本章では、同地に収容されていたウクライナ人の手記にくわえて、日本人の証言を用いて、ノリリスクやその周辺にいた日本人とウクライナ人の間でどのような交流があったのか、また蜂起の際、何があったのかを可能な限り明らかにしたい。

2　ウクライナ人から見たノリリスクの日本人

（1）1953年ノリリスク蜂起の概要

　1953年のノリリスク蜂起の概略を、先行研究などからまとめておきたい。同年5月から8月にかけてのノリリスクでの出来事は、日本人抑留者の手記ではすべて「暴動」と表現されている。一方、ウクライナやロシアにおいては「蜂起」（宇語：повстання、露語：восстание）との語が使われている。ノリリスク蜂起の研究で知られるアラ・マカロヴァによれば、それはストライキ戦術による「非人間的なグラーグ（著者注：矯正労働収容所）システムに対する非暴力的な抵抗の最高の現れ」であり、「精神の蜂起」であったと述べている[(6)]。一方、マカロヴァも述べるとおり、蜂起の時系列については不明瞭な点も多く、また、

蜂起参加者やそれぞれの手記で若干異なる。

1953年3月5日のスターリンの死後、ラヴレンチー・ベリヤが主導して一時期改革路線が採られ120万人以上が釈放と事件再審の決定が出された[7]。一方、政治犯に対しては変化がなく、100万人を超える囚人がグラーグに残った[8]。政治犯の70％以上がウクライナ人と言われており、1947年5月の死刑制度の廃止以後、ソ連当局はウクライナ蜂起軍、ウクライナ民族主義者組織関係者といった政治犯に対して、彼らが「バンデーラ基準」と呼んだ自由剥奪25年刑を一律に言い渡していた[9]。

ノリリスク地域には約35〜40の収容所があり、ノリリスク地域だけで囚人の総数は少なくとも約5万人であった。1953年の春までにノリリスクには35の一般収容所、14の労働収容所、主に政治犯を対象とする6つのゴルラグ（Горлаг、通称「山の収容所」、正式名称Особый лагерь № 2）などさまざまな収容所が複合的に存在していた[10]。

1953年5月25日、複数の囚人が警備兵の言うことを聞かず、銃撃され死傷したことをきっかけに、第四収容所では、囚人が建設作業を停止した。不服従は拡大し、1953年6月5日、6つのゴルラグが封鎖された。そして1万6378人の囚人を収容している5つの収容所で、収容所管理に対する大規模な不服従、すなわち「ストライキ」が始まった。6月4日に蜂起した第三収容所の囚人が掲げたスローガンは、「自由か死か」であった。

蜂起とはいうものの、ストライキ委員会が組織され、クラブや合唱団のリハーサル、図書館の開館継続、コンサートやスポーツ大会も開催され、囚人による自治が保たれていた。また収容所間の情報共有のため壁新聞も定期的に発行されるようになった。

7月4日、第四収容所において、ソ連当局はそこを退去するか、さもなければ銃撃すると最後通告を出した。流血を避けるため、蜂起のリーダーの一人であるイェヴヘン・フリチャークは、全員を退避させた。女性専用の第六収容所では、ストライキは1953年5月28日から6月7日までと6月26日から7月7日まで続いた。6月5日に現地に到着したソ連内務省刑務所長官ミハイル・クズネツォフ大佐との交渉でも、女性たちはストライキを止めることを拒否し、ここでも「自由か死か」というモットーとともに赤いリボンと黒い旗を掲げた[11]。

図6-1　ノリリスクの位置（1956年作成）

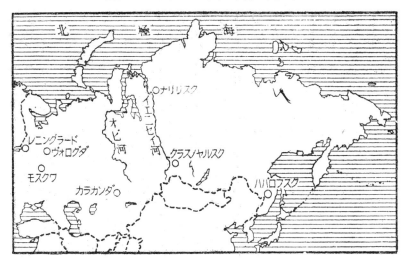

【出典】山岡鉄雄「ナリリスク暴動事件の真相」『日本週報』1956年1月15日号、17頁。ノリリスクのカタカナ表記としてはほかに、ナリリスク、ナリンスク、ノルリスクが見られる。

　1953年8月4日、武装した兵士を乗せた7台の車両が最も抵抗が激しかった第三収容所に突入し、蜂起はようやく鎮圧された。

　以上が現在分かっている範囲での概略であるが、ノリリスク蜂起については、ソ連の歴史の一部として見るか、それともウクライナ側から見るかで捉え方が異なる。ノリリスクをはじめとする収容所での蜂起の多くはウクライナ人を中心として発生し、リトアニア人やエストニア人なども連帯し、各民族によるソビエト体制に対する反抗の意味合いを帯びていた。また、ノリリスク蜂起の中核となったのが、ウクライナ蜂起軍UPAの元兵士やウクライナ民族主義者組織のメンバーであったのも事実である(12)。蜂起に参加したフリチャークはその回想録で、ノリリスクの囚人が成し遂げた偉業はウクライナと全世界にとって大きな意義を持つと述べている(13)。この蜂起をきっかけにグラーグ制度が廃止に向かったからである。ノリリスク蜂起と同様に、ウクライナ人を中心に発生した1953年のヴォルクタ蜂起(14)、1954年のケンギル蜂起(15)の3つの蜂起は、ソ連の

グラーグ制度を根本的に変えた。アン・アプルボームの言葉を借りれば「戦闘には負けたとはいえ、戦争に勝った[16]」、つまり、ソ連指導部に改革を強いたのが、蜂起したウクライナ人だったとも言える。

（2）ウクライナ人から見たノリリスク蜂起における日本人

　ウクライナで知られるノリリスク蜂起参加者としては、ゴルラグ第四収容所の蜂起リーダーであったイェヴヘン・フリチャークである。イヴァノフランキウシク州出身のフリチャークはもともとウクライナ民族主義者組織OUNのメンバーであったが、1944年にはソ連軍に動員され従軍し、数々の叙勲を受けるほど活躍した。しかし、1949年にはかつてOUNメンバーであったことが発覚し、同年12月12日に死刑宣告されたものの25年刑に減刑され、カラガンダ収容所を経て、ノリリスクへ送られた。第四収容所の蜂起のリーダー（ストライキ委員）であり、その目撃者、語り部として長らく活動し、2017年に没した。その手記はノリリスク蜂起の実態を伝える貴重な証言である[17]。一方、フリチャークの手記では日本人はあまり登場しない。考えられる理由としては、日本人の大半は第五収容所に収容されていたからである[18]。フリチャークが作成した図（図6-2）や次節で詳しく見る斉藤操が作成した「ノリリスク市展望見取図」（図6-7）を見れば第四収容所と第五収容所の間には距離があり、「隣接の第四号収容所が丘一つ隔てて向うに」あったため[19]、お互いを直接見ることは、あまりなかったと思われる[20]。

　1953年時点でどの程度の日本人がノリリスクにいたのかについては、今回、第五収容所の生存者に書面でアンケートを行うことができた。イヴァン・ミロンは1929年3月9日にザカルパッチャ州ラヒフシキー市ロシシィカ村生まれで現在もそこに居住している（図6-3）。OUNに参加したが、1952年から55年にかけてノリリスクの第五収容所に送られた。ミロンによれば、正確な日本人抑留者の数は分からないが、他の収容所に日本人男性3人と女性が1名いた。また第五収容所には約50人の日本人ブリガード（労働大隊）があった[21]。またミロンは「蜂起の際、その指導者は外国人をゾーン外に出したかったが、日本人は彼らの要求は公正であると言い、その要件が満たされるまでゾーンを離れることはないと言った」とも答えている[22]。

図6-2　ノリリスクの収容所の配置図（フリチャーク作成）

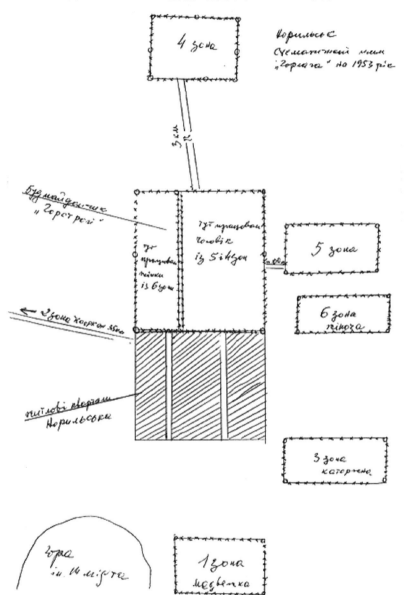

【出典】Бондарук. Л. « Жіноче обличчя Норильського повстання» 2018.

ノリリスク暴動での日本人抑留者について証言を残しているのは、冒頭でも紹介したヴァシリ・ニコリシン（1927〜2003年）である。ニコリシンは日本人と一緒に第五収容所にいた。ニコリシンはなぜノリリスクに収監されたのか、その経歴を見てみよう。1927年リヴィウ州ストリー市のヴィヴニャ村に生まれ、1940年代後半までそこで教員をしていた。1950年、バンデーラ派との関係を告発され逮捕された。1951年にカラガンダ地域、カラバス収容所、アクタス収容所などを経て、2500人のウクライナ人とともにサラン特別収容所に移送された。1952年9月8日、ノリグラーグの第五収容所に約1200人の囚人と一緒に到着した。1953年5月下旬にノリリスクでストライキが始まると収容所自衛委員会の委員になった。蜂起終結後、1953年8月よりクラスノヤルスク、タイシェットへ移送、1955年ヴォルクタの第62収容所を経てタイシェットの第308収容所に移送された。1956年には「反ソ弱体化活動」の容疑で他国籍人と共に裁判にかけられた。ソ連崩壊後の1992年1月31日に名誉回復、2003年には、リヴィウで開催されたノリリスク蜂起の50周年学術会議で講演している(23)。

　ニコリシンは、蜂起後の「日本人の消息はまったく分からなかった」と述べたが、別の証言もある。同じく第五収容所にいたイヴァン・グプカ（1932〜2014年）である。グプカは1932年リヴィウ州生まれ、1948年にOUNやUPAを支援した容疑で逮捕され、1949年に25年の有罪判決を受けた。カザフスタンのカラガンダやスパスク収容所で刑期を務め、ノリリスク移送後、1953年に蜂起に参加した。1956年に釈放され、1957年にウクライナに戻り、1959年にハルキウ貿易研究所の通信課程に入り、3年目からリヴィウ貿易経済研究所に転校、1964年に卒業した。1967年に再び逮捕され労働収容所で10年あまりを過ごした。1992年には名誉回復されている(24)。グプカは次のように述べている。

　　ダニーロ・シュムク、ヤキフ・シュシュケビッチ、ミハイロ・マルシュコ、イェヴヘン・ホロシュコといったウクライナ人が主導し、ロシア人のストプチャンスキー、フェドセエフ、グルジア人のジョブク、そして他の国からの代表者を含む委員会が結成された。そのゾーンには日本人と中国人もいた(25)。

図6-3　イヴァン・ミロン

【出典】カテリーナ・モスカリューク氏提供。2019年撮影。

　アプルボームは、ノリリスク蜂起について「確実と思われるのは、ストライキはさまざまな民族グループ間の協力があってはじめて勢いを得た」と指摘しており、このグプカの記述もそれを裏付けている[(26)]。

　また、グプカによれば、第五収容所の武力鎮圧が始まる直前の7月1日に次のような出来事があった。

　クズネツォフとNKVDの司令官シロトキン将軍が率いるモスクワ委員会が2度目の到着をした。ゾーンに入り、囚人と話し、何かを確認した。そして突然、興味深いニュースがすべてのゾーンに広がった。日本の囚人は、荷物を持ってできるだけ早く来る命令が伝えられた。どうしてかというと彼らは祖国に送り返されるためである。彼らはだいたい、裁判所が犯罪者と認定した元関東軍将校だった。その後、彼らは皆、特別な政治犯キャン

プに行き、私たちと一緒にその期間を過ごした。その日本人のリーダーた
ちはストライキ委員会のメンバーのところに来て、彼らがゾーン（著者注：
収容所）を離れることはなく、バンデーラ派と共に死ぬ準備ができている
と言った。ウクライナの自由のために戦った者たちについての真実を世界
に伝えることができるように、彼らがゾーンから出るように一生懸命に説
得した。やっと日本人の囚人たちは残っていた人々に最後の挨拶をするた
めに広場に行った[27]。

　日本人抑留者が第五収容所を自ら去らなかったことについてはミロン、ニコ
リシン、グプカが、また、日本人のリーダーがウクライナ民族主義者やバンデ
ーラ派と共に死ぬと言ったという記述は、ニコリシン、グプカがともに記して
おり、そのようなやり取りが実際にあったと考えてよいだろう。ニコリシンは
その後の日本人抑留者の行方は知らないと述べたが、グプカは帰国したと明確
に記している。次節で詳しく見る斉藤操の手記によれば、蜂起後の8月7日前
後から日本人抑留者の帰国の準備が始まっており、このグプカの証言とも一致
する[28]。
　グプカが述べた捕らえられた元関東軍将校やバンデーラ派と死ぬと言った日
本人のリーダーとは誰であったのか。これについては島村喬の著書に記述があ
る。島村は1917年生まれで東洋音楽学校中退後、読売新聞を経て満洲日日新聞
の記者になった。樺太で終戦を迎え、スパイ容疑で赤軍諜報部に逮捕され10年
の抑留生活をシベリアで送り、1957年に帰国した。日本政治経済研究会編集長
を経て作家生活に入った。島村は『シベリアの女囚』の「ノルリスクの大暴動」
の中で、次のように記している。

　　日本人たちに対して、一応闘争に参加する意思があるのかどうかをただ
　した。かれらは一日本人をのぞいて病院への避難を希望した。残った一人
　の日本人は、むしろ闘争指導部にとってこれから闘争をつづけていくうえ
　に欠かすことの出来ない参謀的な存在だったし、最初から闘争計画を決め
　るうえに指導的な発言を行っていて、かれらと死を誓っていた。
　　近藤少佐といった。

囚人たちが、かれを「マイオール・コンドゥ」と呼んでいたという。マイオールとは少佐のことだ。ノルリスク大暴動の事実上の指導者であり参謀は、近藤少佐だった、と当時ノルリスク中央ラーゲリにいた日本人たちはひとしくいっている。それまでかれらは近藤少佐と起居を共にしていた。

関東軍の参謀だった、という人がいる。が、私が知る関東軍の高級参謀たちに、関東軍参謀近藤少佐なるものがいたかどうか、首をかしげた。しかし、私は近藤少佐なる人にカンスクのラーゲリで一度会った。小柄ながっしりとした体格の持主で、四十前後の年配であった。非常に沈着な感じの人で、ものをいうにも一語一語考えて、慎重に発言するタイプであった。
（中略）

そのときの近藤氏がノルリスクスの大暴動の指導者マイオール・コンドゥのように思えてならない[(29)]。

「関東軍情報部五十音人名簿」、「陸軍現役将校同相当官実役停年名簿」などを確認したが、現在のところ「近藤少佐」が誰なのか特定できていない[(30)]。一方、斉藤は「元少佐をマイオルと呼び中隊長の大尉はカピタンと呼んだ」とも記述しており、第五収容所には日本陸軍の少佐であった者が収容されていたようである[(31)]。ニコリシン、グプカ、島村の記述を併せて考えれば、ノルリスク蜂起においてリーダー的な存在の日本人がいたと考えてよいだろう。

3　日本人から見たノリリスクとその周辺のウクライナ人

（1）ノリリスクとその周辺の日本人

ここまでウクライナ人による日本人についての証言を見てきた。それではノリリスクに送られた日本人はどのような経歴・背景を持っていたのだろうか。本項では、確認できる限りノリリスク抑留者の経歴や背景をまとめ、それを通じて、どのような日本人がそこに収容されていたのかを見てみたい。

ノリリスクといえば、渡辺祥子が、2015年に11年越しで同地に死亡した父親を含む日本人の慰霊碑を建てたことが知られている。樺太庁財務課長であった祥子の父良穂が1950年に同地で死亡したことを帰国者の酒井貞義から1954

年に聞いた。祥子は60歳を過ぎてからロシア語を学んでノリリスクへ行き、慰霊碑を建立した[32]。一方、渡辺良穂の経歴は、重犯罪者や戦争犯罪人とは程遠い。

また1991年3月の、ノリリスクの日本人の記録発見に関する読売新聞の一連の記事では、憲兵隊外務担当、憲兵隊長、軍関係者のほかに漁師、漁業組合責任者、鉄道関係者、清掃員といった普通の人々であったことが報じられている[33]。

同地にどれほどの日本人がいたかについては、渡辺祥子の著作の冒頭に載せられたスターリン弾圧及びシベリア抑留研究の第一人者である富田武の小論で、A・V・トルーキンの論文が紹介されている。それによれば同地の歴史博物館が保存する日本人名簿は172名、1945年に1名だったのが46年が17名、続く3年間がそれぞれ45名、53年の8名が最後であったという[34]。一方、斉藤の手記によれば、1953年の時点で第五収容所には日本人は30名ほどが居り、日本人だけで作業班を編成し、他に日本人医師2名が医務に携わっていた[35]。

表6-1は、国会で証言を行ったノリリスク抑留者の一覧である。経歴、ノリリスクに収容された期間、同地へ至った経緯、その他、同地の日本人の数や状況についてとくに目立つ証言内容をまとめた。これを見れば、特務機関員や警察関係者もいるが、満洲国の役人にはじまり火薬の提出が遅れた者、密航船の計画を立てた者などさまざまな背景を持っている。島村も、戦犯となって25年刑を受けた憲兵や特務機関将校に加え「根室海峡で操漁中、領海侵犯、スパイなどの嫌疑で船ともども拿捕され、5年から10年の刑を受けた船長、機関長、無線のオペレーター」がいたと書いている[36]。つまり、ノリリスクに送られた日本人は、スパイや戦争犯罪容疑といったソ連から見た重犯罪者のみではなかったと思われる。これは、釈放後もロシア人女性と結婚しノリリスクに残留した白田照男にもあてはまる。白田によれば、奉天で軍属をしていたが、終戦前に家族全員が他界し、「食うために泥棒になり」ロシア人と朝鮮人の3人で馬2頭を盗んで売り、ソ連軍の裁判で10年の刑を受けた。奉天からイルクーツク、クラスノヤルスクまで来て、日本人十数名と船に乗せられノリリスクの玄関港ドゥジンカに着いた[37]。白田は、馬泥棒の罪でノリリスクに送られたのである。

一方、表6-1には共通項も見られる。国会証言を行った7名中5名が樺太在住

者である。後年、酒井は「ノリリスクの場合は、ほとんどが樺太からの民間人でバラバラに収容された」と述べている[38]。渡辺良穂も樺太庁勤務であることも考えると、罪状に関係なく、樺太在住者はまとめてノリリスクに送られたと考えられる。これは山口弘実の事例にもあてはまる。樺太の並川町（現トロイッコエ）に生まれ、15歳で樺太鉄道に就職し、ソ連占領後も真岡機関区で働いていたが46年6月に列車運行上の些細なミスを咎められ、4年の刑を受け、その年の10月にノリリスクに送られている[39]。

　上木戸証言によれば、ノリリスクに女性抑留者3名がいた。2名は25、6歳で奉天特務機関、1名は知らないと述べている。イヴァン・ミロンも日本人女性1名が収容されていたと答えており、また斉藤の手記でも「北極撫子」として3名の女性抑留者がいたことが紹介されている[40]。ロシア国立軍事公文書館などの史料を用いた小柳ちひろの調査によれば、2014年時点でこのうち1名は生存しており、本人へのインタビューによれば、終戦時は16歳で奉天の電話交換手で、1945年11月24日に発生した反ソの武装蜂起、いわゆる「奉天事件」の参加者でもあった[41]。またもう1名は、奉天の小学校教員、もう1名はおそらく日本人とロシア人の混血女性であったようである[42]。上木戸証言、斉藤手記、小柳の調査結果はともに3名、また上木戸、小柳がともに2名は奉天から来たとしており、この点は間違いないと思われる。

　表6-1の中で少なくとも小堤、橋本、おそらく酒井と木村もノリリスク蜂起の際には現地にいた。にもかかわらず、4名の国会証言には、蜂起については一切登場しない。議員から質問されなかったからかもしれないが、これほどの大事件について押し並べて証言していないのはいささか不自然である[43]。

　ノリリスクに送られる予定であったが、偶然にも移送されなかった者や、その後にウクライナ人と深い交流を持った者についても紹介しておきたい。五十嵐弥助は、終戦後、1945年9月に樺太の豊原刑務所に収監された[44]。容疑は1945年5月に米国からの援ソ物資を載せたソ連の輸送貨物船トランスバルト号が稚内沖で触雷し沈没した事件の際[45]、救護の一端を担ったが「遭難者の調査に当たって船員の住所、氏名、家族のこと、船の行動について聞きただしただろう、それはソ連の国状偵知でスパイだ」とのことでロシア共和国刑法58条に抵触すると言われた[46]。翌年5月に真岡から4、5百人の内政部（著者注：樺太

表6-1　国会証言をしたノリリスク抑留者とその内容

氏名	経歴・ノリリスクへの経緯・その他	典拠
上木戸忠男	**経歴**：ノリリスク：1946年10月〜1948年6月 **経緯**：46年の6月22日にハバロフスクの未決囚の監獄に入り、約三か月ここで取調を受け、2年の刑で以てナリンスクへ。クラスノヤルスクから船に乗ってナリンスクへ着いたときは200名の者が150名程になっていた。 第一収容所に一か月おり、身体が悪くなり48年の6月の22日までいてクラスノヤルスクへ移送。釈放後、ソ連のパスポートと旅費を受け取り帰国。 **その他**：女性抑留者3名がいた。2名は25、6歳で奉天特務機関、1名は知らない。	第7回国会、参議院在外同胞引揚問題に関する特別委員会、第6号、昭和24年12月24日。
杉村富作	**経歴**：樺太の火薬類販売 1946年7月〜1950年前後？ **経緯**：自分の所有の火薬庫あるいは私蔵の火薬類の届出が遅れたかどで、いわゆるソ連（著者注：ロシア共和国）刑法58条14項で、軍事裁判で懲役10年の決定。 **その他**：満洲国の北安省の次長をしていた都甲謙介氏という人が隣り同士だったが入院してわずか5日間で下痢で死んでしまった。 **著者注**：恵須取商工会議所会頭。	第18回国会、衆議院海外同胞引揚及び遺家族援護に関する調査特別委員会、第3号、昭和28年12月7日。 JACAR（アジア歴史資料センター）Ref.A20040036900、樺太庁内地編入関係（国立公文書館）372画像。
酒井貞義	**経歴**：樺太庁勤務 ノリリスク：1945年？〜1953年？ **経緯**：反ソビエト連邦宣伝罪というロシヤ共和国刑法58条の10の適用を受け、8年間の刑の宣告。 **その他**：福島県出身	第19回国会、衆議院海外同胞引揚及び遺家族援護に関する調査特別委員会、第7号、昭和29年3月25日。
佐野審六郎	**経歴**： ノリリスク：？〜1950年 **経緯**：南樺太・真岡で私が日本に脱出するための密航船の計画を立てたということで2年の刑。 **その他**：私の観測では200名前後ではないかと思うが、私は1950年に発ち、そのときにまだ残っているのは80人ほどではないか。	第19回国会、参議院厚生委員会、第19号、昭和29年3月26日。

氏名	経歴・ノリリスクへの経緯・その他	典拠
小堤省一	**経歴**：樺太庁の外事警察 ノリリスク：1946年7月10日〜1954年8月1日 **経緯**：樺太庁により、ソ連の上陸軍と日本の防衛隊の間に小ぜり合いがあり、相当犠牲者を出した。12月の17日に、本部の豊原から迎えに来た武装した兵隊と政治部員が集まって連行され、そのまま豊原の刑務所に収監され取調べを受けた結果、10年の労役を受ける。 **その他**：日本人ばかりでなく、バルト三国人、ウクライナ、これらの方面にいた人も非常に死亡率が多かった。1954年の8月1日にナリンスクを出発、これはその地区に外国人を置かないという当局者の一つの方針のため。日本人、ドイツ人、ポーランド人、中国人、朝鮮人、これらが約250、60名の一集団を作って出発。	第24回国会、衆議院海外同胞引揚及び遺家族援護に関する調査特別委員会、第9号、昭和31年3月26日。
橋本豊富	**経歴**：樺太特務機関 ノリリスク：1946年5月〜1955年 **経緯**：ソ連赤軍の最高指揮官であるエヒモフ少将と、軍使として会談。逮捕後、豊原の刑務所に送られる。軍事裁判によって15年を受けた。 **その他**：120名の日本人の3分の2近くは、3年間に壊血病か栄養失調で倒れた。ノリリスクに約15万の禁固刑者がいた。 **著者注**：後方勤務要員養成所（陸軍中野学校）乙種長期学生（乙Ⅰ短）として名前がある。また、「軍使」とは、正確には、北樺太から南下した第79狙撃師団アリーモフ少将と第88歩兵師団参謀長鈴木康生大佐との会見に随行したことを指す。	第24回国会、衆議院海外同胞引揚及び遺家族援護に関する調査特別委員会、第16号、昭和31年7月21日。 JACAR（アジア歴史資料センター）Ref.C01004855100、学生現地演習実施の件（防衛省防衛研究所）第9画像。
木村忠雄	**経歴**：牡丹江東満総省警務庁勤務 ノリリスク：1946年6月〜1953年6月頃？ **経緯**：8月26日、新京において、省公署、警務庁は解散した。北満地区、ハルピン、牡丹江の避難民の多くは、生活困難のため死者続出、日本人居留民会の救済も手ぬるいために、当時八路軍に対抗しつつあった中央軍が近く入京するという状況を聞きそれに応援し、それがために、58条の8で8年の刑を受け、ナリンスクへ来た。 **その他**：日本人が29名、白系ロシア人が2名、中国人が2名、朝鮮人が2名、これが一つのグループになり、労働に服することになった。	第24回国会、衆議院海外同胞引揚及び遺家族援護に関する調査特別委員会、第18号、昭和31年8月29日。

【出典】国会会議録検索システム（URL: https://kokkai.ndl.go.jp　最終閲覧日：2021年5月6日）。

庁）幹部、鉄道、銀行関係者、地方有力者にくわえてソ連の囚人やくざである「ブラトノイ」のメンバーと一緒に貨物船に乗せられ、ウラジオストクを経てハバロフスクの「赤刑務所（チョルマ）」に入れられた。8月には懲役10年を言い渡され、9月末にクラスノヤルスクの中継監獄に到着した。そこには憲兵隊や警察関係者が集まっており、その中に樺太警察の警務課長の山本市太郎がいた。それらの囚人は「これからナリリスク送りになるらしい噂」に怯えており、「ナリリスク行きと聞いただけで絶望的呻き声をあげて」いた。その理由は「ナリリスクに引かれて行った者で生きて娑婆に帰れる者は殆んどなく、幸い生きて戻ったとしてもまともな体でなくなってしまう」からであった[47]。五十嵐は、身体検査で「第四級の重労働不適」と判定され、ノリリスクに送られることはなかった。一方、山本は、次項で紹介する斉藤の手記に唯一フルネームが登場する日本人であり、ノリリスクに収容されていたことが分かる[48]。山本は斉藤とペアを組んで「カトラワン（穴掘り作業）」に従事した[49]。

　終戦後、ソ連軍に逮捕され10年の強制労働刑を受け、ウラジオストク経由でイルクーツク、カンスクへ到着した南部吉正は[50]、発熱し「シベリア・マラリア」と診断され5日間病院で寝ていたところ、一緒だった50数名の一行はエニセイ河を下る河船でノリリスクへ出発していた。一人取り残された南部は、その後、クラスノヤルスクを経てタイシェットでウクライナ人の班長の下、ポーランド人、ラトビア人、エストニア人、リトアニア人とともにバム鉄道の路盤を作る作業に従事した。この班長は次のように南部に話した。

　　この班でも、日本人は私一人であった。元ウクライナ軍の将校だったという班長は、日本人が珍しいのか、よく声をかけてくれた。ゲイシャ、サムライ、フジヤマと言って、班長はさも日本のことを知っているように笑いかけた。
　　「グワントンスカヤ・アールミヤ（関東軍）が、ドイツが対ソ戦を始めた時、東から攻撃していれば、敗けることはなかったのだ」コノネンコというウクライナ人の班長は、そんなことも言った[51]。

　南部は、このウクライナ人班長について「ドイツ軍と戦い、後ではソ連軍と

戦ったというウクライナ軍元将校」とも書いており、UPAの兵士であったと思われる。

　1943年に樺太鉄道局豊原管理部長となった草野虎一は、東北への転勤の内命を受けて待機していたが、局長から言われ「防空本部長」となり、ソ連軍進駐後は樺太の事情を一番よく知っているので全管区の「指導部長と云う偽りの職名」を与えられた。くわえて在郷軍人会の鉄道分会長であったのが災いし1945年11月28日に逮捕され、家宅捜索の結果、軍刀仕込みの日本刀を見つけられ、武器隠匿で58条を適用され、10年の重労働の刑を宣告された[52]。1946年5月27日に真岡港を出発し、ウラジオストク、ハバロフスク、イルクーツク、クラスノヤルスクを経てノリリスクから西へ約120キロに位置するドヂンカ（ドゥディンカ）に収容された。草野は移送中に出会ったウクライナ人や彼らとロシア人との関係、またウクライナ独立運動について次のように記している。

　　幸いなことには、同行のウクライナ人の囚人たちは、日本人に好意を示し、終始真剣に吾々をかばってくれたことは何より嬉しかった。
　　ウクライナ人とロ助とは非常に仲が悪い。吾々日本人から見れば、ウクライナ人もロ助だと思って居たが、彼等はロ助ではないと主張する。ロ助とウクライナ人はことごとに喧嘩を始める。
　　ウクライナは、戦争の初期独軍に占領された機会に、これと協力して独立を企てたらしい。それが後にソ連の反撃によって、独軍が敗退したので、之れに加担した。ウクライナ人が多数シベリア送りとなり、見ると忍びない苛酷な労働を強いられて居る。彼等は今同志がアメリカに渡って、独立運動を展開して居るから、独立も間近かだ、今少しの辛棒だと、うそぶいて居た[53]。

　一方、ほかの収容所でノリリスク蜂起について聞き、それについて証言を残した者もいる。黒澤嘉幸は同盟通信社から入営して中尉で終戦、ハバロフスク、タイシェットと収容所を転々としていたがチタで関東軍情報部に属していたことを理由にソ連の軍事裁判で重労働25年の刑を受けた[54]。その後カザフスタンのジェスカスガンに送られるが、その間に起こったのがケンギル蜂起であった。

黒澤はノリリスク蜂起後に移送されたエタップ（移送者）から聞いた情報や、続いて起こったケンギル蜂起に至る経緯を述懐している。黒澤の手記に書き残した囚人の言葉からそこで出会ったのがウクライナ人であるとともに、ステパン・バンデーラ派であったことが分かる。

　　何をやらかしたというんだね。あれが自分の生まれた土地を愛するのは、自然のことだろう。ウクライナ独立の気持ちなんざ、昨日、今日生まれたわけじゃねぇ。祖父さまの、またその祖父さまのころにもう燃え上っていたんだ。長い、悲しい歴史なんだ。みんな、その歴史の中で血を流し、命を捧げてきた。祖父さまたちは、仲間と力を合わせ、そして死んで行った。だから、俺の末娘だって、その気になるのは当たり前じゃないか。素晴らしい、わが娘だ。それだからと言って、いったい、一七才の小娘に、何が仕出かせると言うんだ？　終身刑なんだ![55]

　　ウクライナ独立のために、民族主義者ベンデラの配下として、戦後六、七年も山の中に立て籠って、赤軍相手にゲリラ戦をやっていた[56]。

　本項ではノリリスクで収容された者、またノリリスクに送られるはずであったが偶然行かずに済んだ者の証言を見てきた。次項では、同地に送られた者の中で、ノリリスク蜂起について最も詳しい証言を残した斉藤操を中心に見てみたい。

（2）斉藤操の証言

　ノリリスクについての数少ない手記を残した一人は、森川正純である。森川は1946年6月にノリリスクに到着し、囚人番号は9万9千万台、その後3〜4年で到着したエタップは約5万人で、総囚人数約15万人であったと記述している。この数字は1956年の橋本豊富の国会証言と一致しており、同地にいた日本人の共通認識であったことが分かる。日本人の数は58条組が約240名、58条組以外が約50名の計300名弱で、生還者は58条組で約70名余、58条組以外で約40名で、58条組では約70％が死亡したという[57]。また、「ソ連人の内訳となると圧倒

的にウクライナ人が多く」と述べている⁽⁵⁸⁾。また、一部を除いて、ソ連側の密告者となる日本人も少なく、「連日精神的にまた肉体的に虐げられた話を聞いた…ナリリスク日本人ではこの様なことは皆無と言えよう」とし、「或る意味に於て、吾々ナリリスク組はチタ組やハバロフスク組よりは幸せであったかも知れぬ」と述べている。森川は1982年9月発刊の『文藝春秋』にもう一つの手記を投稿しているが、どちらの手記にも、自分の経歴、どの容疑であったか、到着時期（1946年6月）以外の収容期間などの情報は一切書かれていない⁽⁵⁹⁾。白田は、ノリリスクに日本人が建てた建物がいくつかあり、「モリカワ」という建築主任がロシア人から尊敬されていたと語っている⁽⁶⁰⁾。

森川は、三重高等農林学校から1937年に甲種幹部候補生に志願、仙台にあった陸軍予備士官学校を1939年3月に卒業する際、教育総監賞を受けている⁽⁶¹⁾。同年12月に後方勤務要員養成所（のちの陸軍中野学校）に乙種長期第Ⅰ期（乙Ⅰ長）として入校した⁽⁶²⁾。1941年4月、東シベリアのチタにあった満洲国総領事館に主事の身分で着任し、1944年11月まで3年8か月余り在勤した。その間、森川は「不屈の闘志と地味な粘り強さの積み重ねによって、領事館業務の大半を実質的に掌握することに成功した⁽⁶³⁾。」終戦時の階級は陸軍少佐であった⁽⁶⁴⁾。森川の雑誌記事からは少なくともスターリンが死んだ「五三年三月五日」まではノリリスクにいたことが分かるが、ノリリスク蜂起についてはまったく書かれていない⁽⁶⁵⁾。

ノリリスクに長期抑留された後藤金四郎が、帰国から3年後の1959年に病院のベッドで綴った手記『入院記録』は、1993年になって子息の後藤護によって刊行された。護は元満洲国警察関係者、斉藤操ら元ノリリスク収容者らとの交流を通じて証言を集め、史料や文献で情報を補いつつ、父の経歴やシベリア抑留の実態について可能な限り追跡している⁽⁶⁶⁾。

後藤金四郎は1907年青森県南津軽郡浅瀬石村生まれで、徴兵後1929年旭川憲兵隊の憲兵上等兵となった。1931年満洲事変後に混成第4旅団の配属憲兵として中国に渡り、翌32年に満洲国警察に入った。民生部警務司偵緝室、特務科を経て、1938年より牡丹江省警務庁特務科で対ソビエト諜報・防諜業務に就き、間島省警務庁特務科付（地方保安局事務官）の警正として終戦を迎えた。1945年8月24日に逮捕され、翌46年2月から3月にかけて平壌監獄でソ連の軍事裁

判で20年の刑を受け、同6月にノリリスクに到着した。7年後の1953年夏にタイシェット、1954年9月にハバロフスクへ移送され、1956年12月26日に舞鶴へ帰国した。

　金四郎は手記の中で、ソ連軍に逮捕された間島省警務庁幹部警察官14名の内、生還したのは2名と書いたが、護の関係者への聞き取り調査で7名が生存していたことが分かった[67]。護はその理由として一か所の収容人員が数千人から1万、2万の規模であったこと、また収容所間は数キロから十数キロも隔たっていたこと、各収容所が厳重に閉鎖されていたことを挙げて、「ひとつ収容所がちがえば、たとえ同じ地域へ移送されたといった話でも、たがいの動静が把握できなくなるのは必然だろう」としている[68]。また、護は「『入院記録』にはノリリスク闘争のことは一字も書かれていない。私もまた父から直接、そのような大事件があり、しかも約五〇人の日本人作業隊が闘争の火中第五収容所にいたことなど、まったく聞いたことがなかった」と述べている[69]。

　ノリリスクに抑留された徳山光夫は、アルコール依存や精神障害と闘いながら、60歳代半ばから4年かけて手記を執筆した[70]。後年に記されたものであるので本人も記憶が曖昧と認めているが、その内容はこれまでの研究と重なる部分がある。例えば、ノリリスクの女性抑留者2名についての記述は、富田、ボブレニョフが記した姓と同じである[71]。また1名には子供がいたことも記されており、小柳によるインタビュー内容とも一致している[72]。そのため、手記の内容はある程度、事実を反映していると思われる[73]。

　徳山は1923年生まれで、名古屋の夜間中学に通っていた時にロシア語を学び始めた。1939年頃に南満洲鉄道に就職し、大連駅勤務を経て、ハルビン鉄道学院ロシア語科を卒業した。1943年から「通訳兼諜報部員」として「ハイラル特務機関」に徴用された。徳山の記録は「関東軍情報部五十音人名簿」と引揚の際に作成された関東軍情報部関係者の身上申告書にも残っている。それによれば、徳山は関東軍情報部ハイラル支部の軍属（雇員）で、1945年11月25日、「第58条の6項」により8年の刑を言い渡され、ブラゴエ、カンスクを経て、1948年6月にノリリスクの第四収容所、1950年3月からは第五収容所、1951年4月にはノリリスク地域のカエルカン第二収容所に移送された後、1953年9月には満期釈放され、同地のニッケル工場で勤務し電気溶接作業に従事した。

156

1954年2月には帰国の為、ノリリスクを出発、クラスノヤルスクへ向かい3月にナホトカ着、興安丸で同年3月20日に舞鶴に上陸した[74]。

ノリリスクに移送された徳山の隣のベッドにいたのは、「ウクライナの若者」であった[75]。また一緒に女性収容所の託児所の暖房設備と風呂場の修理作業をした2名の鉄筋工は「ウクライナ出身の刑二五年の者たち」であったとも記している[76]。一方、徳山の手記にもノリリスク蜂起についての明確な記述はない。理由としては、蜂起時はノリリスク地域であるが中心地から離れたカエルカンにいたためと思われる。一方、「スターリンの死後」、つまり1953年の「太陽の見えぬ白夜の季節」に次のような出来事があった。

> 多分五時頃と思われたが、突然、狂ったような自動小銃の発射音が二、三〇分続いた。いつもいるはずの工場内の監視兵もいない。工場内の囚人たちは暴動が起きたのではないかとささやき合った。
>
> 作業終了後、収容所に帰ってみると、穴堀班のバラックに無数の弾痕があった。部屋にいた者を皆殺しにしたのだ。
>
> 噂によれば、ダンプカー三台に死体を積んでどこかへ運んだとのこと[77]。

日本で最も早く刊行されたノリリスク蜂起についての手記は、1956年に山岡鉄雄が書いた「ナリリスク暴動の真相」である[78]。山岡によれば、ノリリスクは、監獄К. P. К、重刑囚収容所К. Т.Л、一般囚人収容所И.Т.Л、特別収容所に分けて収容され、その中で重刑囚収容所は「ソ連で民族運動を起こしたものや、ドイツ軍に協力したものなどが主」だった[79]。山岡は「終戦直後に、満洲で捕らえられた私は、はじめから、軍隊捕虜としてではなく、ソ連の一般囚人として」扱われた。ただ、「山岡鉄雄」という名前での手記や証言は、確認できる限りでこれ以外に存在しない。同記事の前書きで「この種事件は、ソ連という国柄にとっては極秘事項になるので、これを発表することは、国外でも危険なことである」と書かれており、本名ではないのかもしれない。

非常に詳細な手記を残したのは斉藤操である（図6-4）。その手記『シベリア抑留記：エニセーを遡る』は、ノリリスク蜂起の部分を中心に抜粋され朔北会編『朔北の道草：ソ連長期抑留の記録』にも一部が収録されたが、削除された

部分にも興味深い事実が記されている。手記の概歴によれば、1934年に19歳で渡満、1935年6月8日、満洲鉄嶺独立守備隊第一大隊第一中隊に所属し、南満駐屯軍相撲大会で優勝している。新京で講習を受けたため、ロシア語を話すことができた[80]。1946年からソ連に抑留[81]、1956年に舞鶴で復員、1975年まで博多在住でその後、故郷の弘前市に戻った。また、斉藤と交流のあった後藤護によれば、1915年青森県弘前市生まれ、旧制弘前中学を卒業、中国大陸に渡ったのちに柔道2段、剣道2段、射撃、銃剣術を得意としていたため関東憲兵隊教習兵となった。1936年に憲兵となり、憲兵准尉で終戦を迎えた。奉天で潜伏中の1946年2月にソ連軍に逮捕され20年の判決を受け、1956年12月に帰国した[82]。なお、後藤金四郎とはノリリスクからの知り合いで、1955年10月にハバロフスクで再会している[83]。

斉藤は絵画に長けており、シベリア抑留者による画集『きらめく北斗星の下に』に第五収容所の全景を含むノリリスクの風景画を掲載したほか、ノリリス

図6-4　斉藤操

【出典】斉藤『エニセーを遡る』77頁。「1955年6月8日、満40歳の記念写真。於　ソ連邦内イルクーツク州オクチャブリスキー収容所。病院長撮影（ソ連邦内で撮影したたった一枚の写真である。）」

クの収容所群とその周辺の詳細な地図も残している（図6-5、6-6、6-7）⁽⁸⁴⁾。

　斉藤によれば、1946年から47年にノリリスクに送られた日本人は約300名、1953年にこの地から生きて引き揚げた人員は78名でいずれも58条の反革命罪に問われた者であった⁽⁸⁵⁾。斉藤がいた第五収容所には、主な建物は35棟あり、その内で収容者が起居したバラックは25棟、1棟平均約100名が起居しており、計2500名が収容されていた⁽⁸⁶⁾。この第五収容所組は生還の暁には日本においてかならず再会の機会を設けようと語り合い、1976年5月1日弘前城下でようやく第一回の会合が実現した⁽⁸⁷⁾。

　表6-2は山岡と斉藤の手記の中のノリリスク蜂起について、時系列通りに並べて整理したものである。くわえて、ノリリスク蜂起の対応にあたったソ連内

図6-5　斉藤操作《ナリリスク第5収容所》（1976年）

【出典】水彩画、1976年。松下・佐藤編『シベリア抑留者画集・きらめく北斗星の下に』142頁。

図6-6　ノリリスク第五収容所構内図（斉藤操作成）

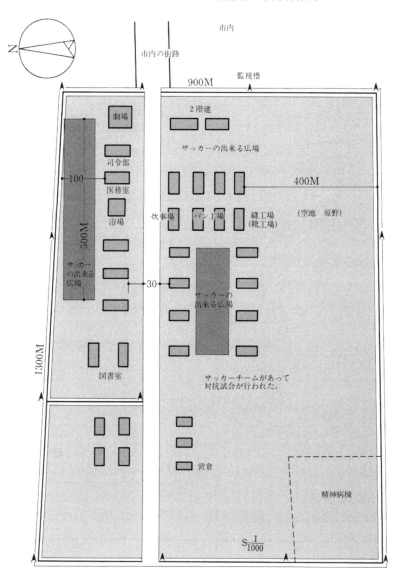

【出典】松下・佐藤編『シベリア抑留者画集・きらめく北斗星の下に』143頁。縮尺は
1/10000の誤記。

図6-7「ノリリスク市展望見取図」（斉藤操作成）

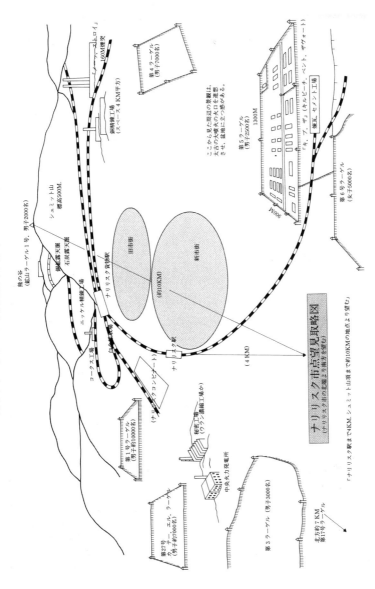

「キ、ア、サ」（キルピビーチ、ベント、ザヴォート）

「ノリリスク駅まで4KM。シュミット山頂まで約10KMの地点より望む」

ナリリスク市点望見取図
（ノリリスク市の北端より南方を望む）

ここから見た周辺の景観は、太古の大洪水の人口を連想させ、盆地に立つ感がある。

第5ラーゲル
（男子2500名）
1300M

第6号ラーゲル
（女子5000名）
900M

極瓦、セメント工場

旧市街

新市街

（約10KM）

（4KM）

北方約7KM
第17号トンネル

第3ラーゲル
（男子3000名）

中央火力発電所

秘密工場
（ウラン濃縮工場か）

第27号
カッテー、エル、ラーゲル
（男子約7000名）

第1号ラーゲル
（男子約10000名）

（ナリリスクトンネル）

コークス工場

ナリリスク駅

自動車修理工場

ニッケル精錬工場

石炭露天掘

銅鉱露天掘

熊の谷
（鉱山ラーゲル1号、男子2000名）

シュミット山
標高500M.

鋼精錬工場
（スペース4KM平方）

160M煙突

「ノ、オ、ヴ」（ノルボ、オスト、ストロイ）

第4ラーゲル
（男子7000名）

【出典】松下・佐藤編『シベリア抑留者画集・きらめく北斗星の下に』144頁。

第6章　極北のウクライナ人と日本人　　161

表6-2　山岡・斉藤手記

	山岡手記（1956年）
1952年夏～秋	・1952年夏、カラガンダから囚人移動部隊が到着して第五ラーゲリに収容されるのを、私たちは作業現場の柵の中からみていた。 ・この囚人部隊は先年、中央アジアのカラガンダにおいて、戦後初の暴動を起こし（中略）始末に困って、この極地ナリリスクおよびヴォルクタに追い込んだのである。 ・五号の特務官憲は次の日の朝には五号ラーゲリの「犬」（密偵）の死骸を受け取らねばならなかった。
1953年2～5月	・1953年の2月、この手の連続殺人に手をあげた当局がモスクワを通じて絞首刑更新の運動を行い、囚人各自が殺人のひんぴんとして起こる状況に不安を感じ、その殺人犯を絞首刑にすることを希望しているという請願書に署名を強制した。しかし私達はこれを拒否して、ナリリスクを包む空気は不安を帯びてきた。
5月25日	
5月26日	・夕食を済ました夕方、夜番の女囚と幅6mの間隔に張られた有刺鉄線に郵便、面会、恋のやり取りが行われていた。望楼の兵隊が両者を蹴散らそうとしたところ囚人からヤジられた。兵隊は男性側の頭上のはるか上に威嚇発砲。不幸なことにバラック上部の寝台に寝ていた男にあたって、重傷を負う。銃声に当直将校、警備兵、囚人が集まる。女囚は歓声をあげ騒ぎ立て騒然とした状態に。1名は五号で死に、1名の重傷者が四号収容所の病院へ送られたため四号の囚人はそれで状況を知った。五号ではスト決行の腹が決まる。 ・五号から仕事に行くべき第一梯団約百名ばかりは門を出ると行進をやめる。囚人から兵隊に「モスクワの委員会を呼べ。到着するまでは仕事に出ない」という。

斉藤手記（1976年）	ソ連内務省委員会報告書（1953年9月）
・1952年の秋、遠く中央アジアのカラガンダ地区から約二千のエタップが来た。このエタップは前年7月カラガンダ地区のラーゲリで蜂起し、戦車まで動員して鎮圧された残党の一味であった。	・1952年10月、ソ連内務省（カラガンダ）の収容所から1200人の囚人到着。主に西ウクライナとバルト地域の共和国出身で、大規模な暴動、収容所管理への不服従、殺人、収容所からの脱走を試みた者である。 ・ウクライナ民族主義者が圧倒的多数。 ・到着した囚人を5つの収容所に約200〜300人づつ分散。
・1953年3月、スターリンの死は国内全土に大きな波を引き起こした。 ・労働者の内部において、クーデターに似た殺戮が続発して、次から次へと「シトカチ」（密告者の意）が葬り去られて行った。不思議なことに犯人が挙がらない。 ・「ウォール」「ウクライナ」「チョールネ」の三つの組織が手を握ったと云う噂がひそかに伝わったのはその頃である。	
	・警備兵に従わなかったため、第四収容所の囚人1人が殺害された。
・特別ラーゲリ第一収容所では、不穏分子狩りがあり30数名が第五収容所に移送されてきた。第一号からのエタップは荒れに荒れ、収容所正門で射殺、他1名は大腿部に貫通銃創を負った、という話が第五収容所で広がる。 ・ウクライナ独立歌を合唱するグループが寄り集まって百数十人の集団になると合唱が盛り上がる。第五収容所の柵に隣接する第六収容所（女子）の労働者が働く『キブザ』（レンガ・セメント）工場(98)の女子労働者も合わせて唱和。 ・望楼から静止がかかるが誰も耳を貸さず、威嚇発砲。巡羅隊の軍曹が引き金を引いてしまい、7、8人が倒れる。強制労働者は瞬時に屋外に飛び出し収容所長を表に引きずりだし、その後シトカチ狩りが始まる。 ・斗争第一日：革命映画の場面を遥かに上回る殺戮がやみ、騒ぎが小やみになったのは真夜中。	・女性収容所と第五収容所の囚人との交流中に、銃が違法に使用され、その結果、第五収容所の囚人7人が負傷した。

	山岡手記（1956年）
5月27日	
5月28日	
5月29日〜	・官憲が重刑囚の出勤を停止、囚人側もバリケードを作り、警備兵は包囲。 ・「籠城組を殺すな」のスローガンで、四号、五号、六号の各ラーゲリがハンガーストライキに入る。 ・なぜそんなことをするのかというと、給食しないことを日報にかけば中央部で問題となり、モスクワの委員会到着が早まるから。
6月1日	
6月2日	【日付の記載なし】 ・ノリリスク当局はなんとかして中央部に報告せずにごまかそうと、クラスノヤルスクから首脳部を呼び「モスクワからの代弁者」であると偽って、もみけそうとした。私たちは一切の妥協を拒否。
6月3日	

斉藤手記（1976年）	ソ連内務省委員会報告書（1953年9月）
・昼間就労の全作業班が就労拒否。朝食受領拒否、ハンガーストの気配。隣接収容所六号、四号の屋上に赤旗が掲げられ、ストに入った模様。 ・12項目のスト要領発表。	
・収容所側より1953年に刑期満了する者は私物をまとめて正門前に集合するように放送がかかり4、5百人が集合し、隣接のキブザ工場へ誘導される。1954、1955年刑期満了者に対しても放送があるも、要所には暴力団がドスを抜いて待っているので一人の参集者もみない。 ・地区警備司令官の直接放送「扇動者の味方をするか、思い切って離れるか数時間の猶予を与える。」	・3015人の囚人からなる第六（女性）収容所は出勤しなかった。 ・第四、第五、第六収容所の囚人がハンガーストライキを始め、モスクワの委員会の到着を要求した。
・午前2時、将校下士官百数十名と労働者側で小競り合い。 ・午前10時、収容所内は今朝の出来事は忘れたように散歩、アコーディオンなどの演奏をする人もいた。	
	・第一収容所の1400人の囚人が労働を止め、居住地域への立ち入りを拒否した。そして、1300人の囚人が夕方のシフトに行くことを拒否した。
・クラスノヤルスク地区内務次官（著者注：同地方内務本部次長）某中将が来る。労働者と折衝が始まるが、クレムリンより直接査問委員が派遣されない理由、権限、根拠など労働者側の詰問にあっけなく尻尾を出して引き上げる。その間約10分。	
・ノリリスク市医務局長と言われる婦人が医師団をつれて視察。「スターリンの死後、明るい政治が生まれる。もう少しの間、忍耐と自重を切望」といって、労働者から握手攻めにあう。	

	山岡手記（1956年）
6月4日	
6月5日	
6月6日	【日付の記載なし】 ・クズネツォフ大佐、検事総長の中将らの一団が到着。交渉は囚人側代表者10名とクズネツォフ大佐、検事、秘書の3名によってラーゲリ正門近く、ラーゲリ内で行われ、ナリリスク、クラスノヤルスクの官憲はもちろん、一人の兵隊も内へは入れなかった。 ・結果は我々に有利だった。私たちがストライキをやった理由は、正当なものとして認められた。発砲した兵隊の処罰を約し、待遇改善に関する諸問題、窓の鉄枠を外すことはすぐに実行された。 ・ストライキの犠牲者を出さないという確約をし、一日休んで、翌日から作業開始ということで話は決まった。しかし、恩赦減刑は拒否された。
6月7日	
6月13日	

斉藤手記（1976年）	ソ連内務省委員会報告書（1953年9月）
・民間人の勤労奉仕隊による市街の清掃、建物の美化がなされる。クレムリンの査問委員団の来着に備えているのではとの見解が出る。	・第三収容所の囚人は、兵舎と居住地域を隔てている木製の柵を壊し、24人の囚人を解放。収容所職員が捕らえられ人質になりそうになった。それに対して、武器が使用され、5人の囚人が死亡、14人が負傷。
・糧秣衣料がトラックで運ばれてくる。新品の衣類、樽詰めの塩肉、缶詰など高級品ばかり。食事のメニューが一変。医務室にも新しい薬品。査問委員来訪確実とみて元気づく。	・6つの収容所の囚人は仕事をやめ、16378人の囚人を含む5つの収容所で大規模な不服従が起こった。 ・第三収容所の囚人は出勤せず。
・午前9時、クレムリン査問委員団、第五収容所に来た。連邦内務次官ポプコフ中将を委員長とし、連邦監獄長官クズネツォフ大将（著者注：大佐の誤記）が随行員の形式で総員30数名。収容所正門から50メートル入った地点に席を設け文字通り膝を交えて談合。午後8時、ポプコフが中央広場に於いて声明。12か条の要求のうち第一、二を除いて解決に応じる。第一、二についても最高会議に諮って善処すると発表。	【日付の記載なし】 ・不服従があった5つの収容所で、ソ連内務省委員会が囚人のグループへのインタビューを行った。5～7時間続いた。 ・委員会からの譲歩案： ①1日9時間労働。 ②服から番号の除去。 ③囚人は家族に月に1通の手紙を送ることができる。 ④囚人に支払われる金額は、月額450ルーブルに増額。 ⑤月に1回家族に送金することができる。 ⑥身体障碍者は他の地域へ移動。 ⑦居住棟の窓からの鉄柵を外す。 ⑧夜間、居住棟のドアを閉めない。 ⑨囚人は、自分の生活区域にいる他の収容者を訪問することができる。
・午後2時頃委員団が来る。委員長と労働者側の折衝と平行して随行委員の収容所内の巡視が昨日に続いて行われる。至るところで、嘆願攻めに委員も大弱りであった。隣接の第六収容所の女子労働者でも折衝との情報が流れてくる。	
・スト体制を解いて就労再開第一日目。労働者の代表で折衝した3名が検挙される。同じ頃隣接第四収容所へのエタップと称して移動中に数十名が検束。収容所ではスト体制がぶり返す。収容所の一番高い屋上には黒縁のついた赤旗をたて、反政府の気勢をあげる。大型プラカード、激しい政府批判の文字が羅列。その日第二収容所陥落の報が入る。	

	山岡手記（1956年）
6月26日	・四号の昼番が現場に到着したが、来るはずの五号がいつまでも来る様子がない。「こりゃ、また何かあったな」とピーンときた。官憲は五号の囚人を門から引っ張り出して、遠くへ連れ出すと人選を始める。一隊は四号へ、一隊は七号へ、一隊は自動車に積まれる。「こりゃ大変だ」と看守の兵隊をぶっ飛ばしてサイレンを鳴らす。四号、五号が答える。ストライキ再燃。 ・作業工場の籠城組は四号の昼番だけで、約2千名、煉瓦建ての家に集合して煉瓦、鉄棒、マサカリなどありとあらゆる武器になるものを建物に持ち込んだ。
	【日付の記載なし】 ・K.T.Лの三号（著者注：斉藤はK.T.Лは27号としている）は、山の中腹にあるのを利用して、たこを揚げて宣伝ビラを市街に散布しようとした。 ・市民の中には、タバコやパンを投げ込んで応援する者もあった。 ・滞在中のモスクワ代表団は、籠城組の説得にやってきた。「理由があるならストライキをやってもいいだろう。しかしラーゲリでやってくれ。ラーゲリなら幾日頑張ってもいいが、ここでは困る。」 ・私達は「エタップ（移動）だといって連れ出されて何をされるかわかったものじゃない。騒ぎ出したから仕方なしに四号へいれたのだろう。銃殺されたってわかるものか」 ・これに対し「そんなことはない。これは普通の移動で特殊な意味は全然ない。お疑いになるならお見せしてもいい」といい籠城組を代表して2名が自動車に同乗して見てきた。 ・その間に中佐がやってきて「君たちのやっていることは…反ソ行動となる。とすれば政府は強硬な手段を取らざるを得ない」と暗に恐喝。

斉藤手記（1976年）	ソ連内務省委員会報告書（1953年9月）
・第六収容所の女子労働者の暴動始まる。妊婦を先頭に嬰児を抱いたのがその後に続き、プラカードには「妊婦と嬰児を撃てるなら撃ってみろ」という文字が並ぶ。禁柵を破って第五収容所に向かって進んでくる。おびただしい警備兵が動員され、素手でスクラムを組んで押し返す作戦がとられた。さすがに妊婦と嬰児を先頭にした一群には一発の銃声も鳴らなかった。	
	・6月28日、放送で、すべての囚人は、他の収容所に移るため、持ち物を持ってゾーンを離れるように求められた。この日、約1500人の囚人が第五収容所から連れ出され、第四収容所に向かう途中でチェックを受け、その間にこれらの囚人の中から暴動に積極関与した者が拘束された。 ・居住区に残った1400人の囚人は第五収容所の区域を離れなかった。彼らは主にバンデーラ派とバルト三国の民族主義者であり、彼らは強固に抵抗を続けた。 ・暴動の主導者は居住棟に黒い旗と反革命的なスローガンを掲げ、収容所の管理者の立ち入りを許さず、暴動を支援したくない囚人をあらゆる方法で恐怖に陥れ始めた。

	山岡手記（1956年）
	【日付の記載なし】 ・私達は2派に分裂してしまった。一派は委員会の要請に応じて帰所すべく門に向かうも、籠城組が阻止。しかしこの一隊は兵隊に保護されてラーゲリに戻る。 ・代表団は切り崩しを図る。五号から54年、55年に刑の終わる者を七号へ移す。しかし四号では誰も応じず。また外国人は帰国させると呼び出した。これに巧くひっかかったのがドイツ人、ハンガリー人など180余名、その内日本人は6名。 ・拡声器が取り付けられ「君たち一般の囚人が悪いのではない。不逞の輩が悪いのだ。すみやかにストライキを終わりなさい。」私達はすっかり二・二六事件を思い出してしまった。
6月29日	
7月3日	
7月4日	

斉藤手記（1976年）	ソ連内務省委員会報告書（1953年9月）
	・将校の口頭による警告と兵士の上方への警告射撃は、接近する囚人の群衆には効果がなかった。逆に、彼らが兵士に接近すると、囚人は石を投げ始めた。囚人の一部は、警備兵から武器を奪おうとして、銃剣を摑んだ。警備兵は発砲し、彼らを地面に捻じ伏せた。その後、囚人たちは警備兵と収容所管理者のすべての指示に従い始めた。 ・2人の兵士が頭の部分を重い物体で殴られ、5人の兵士が打撲傷を負う。囚人側は11人が死亡、14人が重傷（うち12人が死亡）、22人が軽傷。 ・収容所区域から連れ出された囚人は100人のグループに分けられ、暴動の組織者、指導者、積極的な参加者、扇動者が身柄を拘束された。新しく作られた第七収容所に送られた。
・装甲車両の集結、収容所は大量の兵員によって包囲。	
・第五収容所では午前2時、武力弾圧の火ぶたが切られた。 ・外柵を破って、武装突撃隊は、収容所中央から分断するように楔を入れてきた。威嚇ではない証拠に実弾を乱射し、銃剣の列で突撃して来る。スクラムを組んでこれを阻止しようとした労働者側は銃弾に将棋倒しに倒れ、銃剣で突き倒された。	・第四収容所の暴動参加者を排除するための措置を開始。

	山岡手記（1956年）
7月7日	
7月11日	・権力を復活した犬どもが官憲の威を笠に着て、この際になした暴力行使は悲惨にして目を覆うほどであった。 ・К. Т. Лが自動小銃を積載した自動車攻撃を受けたのはベリヤ逮捕が発表された翌日であった（著者注：ベリヤ逮捕の発表は7月10日）。ここでは百人以上の死傷者を出した。
7月18日	

【出典】山岡「ナリリスク暴動事件の真相」、

172

斉藤手記（1976年）	ソ連内務省委員会報告書（1953年9月）
・第六収容所（女子労働者）弾圧される。武力弾圧を見ずして第四収容所は斗争を放棄して旗を下した。	・クズネツォフ大佐は暴動を続けることは絶望的であり、ほぼ停止しつつあると放送。暴動をやめて中央監視所とフェンスの間に特別に作られた5つの通路を通って収容所を出るように促した。それに応じて、女性囚人は、黒い旗が掲げられた生活場所の中央に集まり、手をつないで、4列の輪を作って、叫び、口笛を吹いた。これは5時間続いた。 ・内務省の委員会は囚人を放水で分散させることを決定。最初に水が3気圧で発射され、次に8気圧に上昇。水の圧力が3気圧に達すると、人間の鎖が揺るぎ、人が遠ざかり始めた。武器を持たない100人の看守と兵士が囚人を収容所から連れ去った。一部の囚人は頑固な抵抗を示した。暴動に積極参加した合計1000人が身柄を拘束され、他のすべての囚人は生活場所に連れ戻された。 ・女性専用の第六収容所の暴動も排除され、労働に行くようになった。
・最後まで激しく斗争を展開していたカーテル第二七号収容所約9千人に対する弾圧が開始された。午後2時を期して、午後5時まで砲声が響き渡り、装甲車まで出撃する程、労働者側にも手製爆弾や火器の行使があって、斗争は熾烈を極めたという。傷ついて逃げ遅れた者を装甲車のキャタピラで轢き殺していくかと見れば、自らそのキャタピラの下に飛び込んで行く者、自暴自棄になったのか、頭からガソリンをかぶって、我と我が身に火を点じて銃砲火の中を狂乱して入りまわる者がいたという。7月18日の弾圧を最後に労働者の斗争は全部鎮圧された。	

斉藤「エニセーを遡る」、ソ連内務省委員会報告書から作成。

務省委員会が1953年9月1日付で作成した報告書の内容も参考のため整理した[88]。

　山岡・斉藤の記述内容は、モスクワからの代表団到着など大きな出来事を除けばあまり一致しない。一方、一致している部分もある。ノリリスク蜂起のきっかけとなった囚人が銃撃された日は山岡、斉藤がともに「5月26日」としている。一方、フリチャーク、ニコリシン、そしてアプルボームも「5月25日」としており、またソ連内務省の報告書も同様の記載であるため、それが実際に銃撃が起きた日である。なぜ山岡、斉藤がともに1日、間違えたのかについては謎が残る。

　また山岡は、蜂起の始まりから終わりまで一人称として語っているのに対して、斉藤は、例えば、暴動が武力鎮圧された7月18日の出来事について次のような書き方をしている。

　　　装甲車まで出撃する程、労働者側にも手製の爆弾や火器の行使があって、斗争は熾烈を極めたと云う。死者約三〇〇名、重軽傷数百名と伝えられ、斗争現場に居合わせた者の語るところでは、言語に絶する烈しい斗争で、終焉直前には、斗争を放棄しようとする者と、玉砕を辞さないとする過激派との間に仲間同士の殺戮まで展開されたと言われている[89]。

　このように、斉藤の手記では6月26日頃までは、自身で目撃したかのような非常に細かい描写がされているのに対して、7月以降のノリリスク蜂起の後半については、伝聞として書かれている。よって斉藤は蜂起自体には参加していなかったと考えられる。斉藤は、1953年春頃に収容所側から「精神病棟のサニタール（著者注：看護係）」となることを打診され、「特別ラーゲリ第五号収容所精神病棟の用心棒役」をしていた[90]。7月3日から4日にかけては、第五収容所から遥かに郊外の小高い丘の上に位置しノリリスク市街が一望できる第十七収容所に移され、日本人30数名も運ばれて来たと書いている[91]。

　また、斉藤によれば、1953年に入り「収容所内も不穏な空気に包まれて、何となく落付かなくなった頃、万一に備えて、日本人だけの打ち合わせ」をし、次のことを決めた。

174

どんなに狩り立てられても、先頭に立つような行動は避けること、万一
　　銃撃を受けるような場合は素早く最寄りの遮蔽物に身を隠すこと、それを
　　恥ずかしいと思ってはいけないこと、日本人に対する暴徒からの勧誘は一
　　切断ること、断る理由としては、ソ連国内の問題には一切不干渉であるこ
　　とを理由とすること[(92)]

　島村は、蜂起の際に日本人が病院への避難を希望したとも書いている[(93)]。よ
って、ソ連当局による武力鎮圧が始まった7月以降、大半の日本人は、「マイオ
ール・コンドウ」のような一部の者を除いて、日本人医師2名も働いていた病
院内、もしくは他の場所へ避難していたのではないだろうか。そう考えれば、
帰国者の国会証言や森川の手記にノリリスク蜂起が武力鎮圧される様子につい
ての詳細な記載がないことも頷ける。
　ところで、斉藤によれば、収容所には「ウォール」（狼）、「ブラトノイ」、「フ
リガン」といった組織や、ノリリスクでは「チョールネ」（黒）と呼ばれる回教
徒の組織もあった。それらにくわえて、斉藤は収容所に「ウクライナ」と呼ば
れる組織があったと記している。

　　ウクライナ系の民族的な団結は、強制労働者の三〇％がウクライナ民族
　　であると云われ、その強制労働者は民族独立運動や秘密結社と関係がある
　　ものだけに、前者とは異なり、思想的であり、潜行的であり、表面は穏や
　　かである。民族感情が露呈して、往々にして物議をかもす例は少なくない。
　　ウォール程度の表面的な派手な動きはないが、その潜在勢力に対しての推
　　定が大きいだけに、不気味な存在とされているようである[(94)]。

　　ウクライナには二つある。旧ウクライナ（これはおとなしい）そしてもう
　　ひとつ、西ウクライナ。これはベンデイルイとも呼ばれ、コザック騎兵に
　　みる剽悍さはこのベンデイルの正体で、そして反政府的である[(95)]。

「ブラトノイ」や「ウォール」については、日本人抑留者の手記でもみられる

が、それに匹敵する囚人組織として「ウクライナ」があったことを記述しているのは、現在発見されている限りでは、斉藤の手記のみである。また、斉藤は、蜂起の初日である5月26日には、第五収容所で、ウクライナ独立歌を合唱するグループが寄り集まって百数十人の集団になると合唱が盛り上がり、隣接する女性専用の第六収容所所属の女性労働者が働く煉瓦工場でも唱和が広がったことも記している。やはり、ノリリスク蜂起で最初に立ち上がり、主要な役割を果たしたのはウクライナ人だったのである。

4　むすび──極北のウクライナ人と日本人の邂逅──

　本章ではノリリスクの収容所にいた日本人とウクライナ人の証言を基に両者の関係にのみ絞って見てきた。

　ノリリスクに収容されていた人数、蜂起鎮圧後の日本人抑留者の行方、蜂起のリーダーの一人とされた「マイオール・コンドゥ」が誰であったのかなど、まだ不明な点が多い。その「近藤少佐」のように率先して最後までウクライナ人らと共に戦った者もいれば、斉藤や多くの日本人のように事態の推移を見守っていた者もいた。ただ、間違いないのは、お互い母国から遠く離れた北極圏のノリリスクやその周辺で、日本人とウクライナ人の邂逅があったことである。

　コスティックが取り上げたニコリシンの証言は彼の自著にもでている。冒頭で取り上げたコスティック論文とほぼ同内容であるが、ニコリシンの思いがさらに込められた記述であるので紹介したい。

　　　私は、我々ウクライナ人が他の民族や国々の代表者と持つ友情や連帯感について、少し温かい言葉を述べたいと思います。常に一緒にいたバルト人、特にリトアニア人については言うまでもありません。他の国の人々について、あるエピソードの一例を紹介しますが、それは私にとって非常に印象深いものです。

　　　すでに書いたように、蜂起の際、私は委員会の一員として自衛ゾーンの指揮をとりました。このゾーンには、さまざまな国籍の囚人がいました。そこには元捕虜の日本人たちも彼らの大佐とともにいました。蜂起の真っ

只中、この大佐が私のところに来て、「私たち日本人はどうすればいいのか？」と聞いてきました。私は彼に、ここは死の匂いがするからこの問題に関与しないようにと提案し、ゾーンから出ていけるように通路を作ると言いました。そうすると彼は「私、考える」と言って去っていきました。暫くすると、彼は私のところに来て、「ヴァシャさん、私たちはあなたが公正で正直な人だと思っている。私たちもあなた達と一緒に死ぬということを言うために来た」と言いました。正直なところ、この危機的な状況、緊張感、厳しさにもかかわらず、私は涙が止まりませんでした。日本人側が自らこのような行動にでるとは思ってもいなかったからです。もちろん、私は彼らの連帯に感謝し、彼らに守るべき場所を割り当てました。そして、彼らが最後まで、名誉を持って任務を果たしたと言わなければなりません。戦いの後、皆さんのご存じのとおり、私たちは敗北しました。日本人の運命がどうなったかは知りませんが、私はこのエピソードを一生忘れないでしょう[(96)]。

　ソ連の圧政の象徴であり、最も過酷な環境であったノリリスクの収容所で、ウクライナ人と日本人が出会い、共に生きた事実は、ニコリシンが「一生忘れない」と言ったように、日宇両国民の記憶にもっと留められてもいいのではないだろうか。

　最後に、ノリリスク蜂起の翌年、同じくウクライナ人を中心としたケンギル蜂起を目撃した黒澤嘉幸が、1991年12月にソ連崩壊の報に接した時の心境を紹介して本書を終えたい。

　　囚人仲間であったウクライナの親父の顔が浮かぶ。彼は言っていた。「独ソ戦が始まって、ドイツ軍がやって来た時、祖国ウクライナの旗を押し入れの奥深いところから、引きずり出して"祖国解放万歳"を叫んだ。が、再び、ソ連の支配下になった。ウクライナの旗は、また、しまい込まれてしまった。しかし、いつか、その独立の日に……」

　　半世紀の歳月の間、ウクライナの人々は、ソ連官憲の目を恐れながらも、祖国の旗をわが家に隠し続けていることを教えられた。

〈祖国を愛する〉ということは、こう言うことだ、今ごろ、しまい込んだ
ままのその旗を掲げているだろう。高々と祖国の旗を……[97]

注

※ウクライナ国民記憶院のレーシャ・ボンダルク氏には史料の提供ならびにご助言い
　ただいた。イヴァン・ミロン氏にはアンケートにお答えいただき、またカルシュ市
　イヴァン・フランコ家博物館のナタリア・メリニク氏にはミロン氏へのアンケート
　に多大なご助力を賜った。カテリーナ・モスカリューク氏にはミロン氏の写真をご
　提供いただいた。後藤金四郎ご子息の後藤護氏には斉藤操からの書簡をご提供いた
　だいた。またシベリア抑留画集出版委員会編集責任者の佐藤清ご遺族には図版の使
　用をお許しいただいた。併せて感謝申し上げたい。

(1)　毎日新聞「シベリア抑留 / 抑留者情報、データ化し活用を / 富田武・成蹊大名誉教
　　授」2018年7月4日夕刊。読売新聞「特措法制定から10年 / シベリア抑留・進まぬ
　　解明 / 身元特定・ロシア機密の壁」2020年6月10日朝刊。
(2)　ウクライナ国内への日本人抑留者については、O・ポトィリチャク、V・カルポ
　　フ、竹内高明著、長勢了治編訳『ウクライナに抑留された日本人』東洋書店、2013
　　年（原著：Таємниці «західного інтернування»: японці в радянських табо-
　　рах для військовополонених в Українській РСР (1946—1949 рр.) // О. По-
　　тильчак, В. Карпов, Т. Такеучі. — К.: Вид-во Акад. праці і соц. відносин Фе-
　　дер. проф. спілок України, 2011. — 176 с.）がある。
(3)　コスティック、ステファン「シベリア収容所の日本兵捕虜に関するウクライナ人
　　からの証言」『鈴鹿国際大学紀要Campana』4号、1998年、72〜73頁。
(4)　コスティック「シベリア収容所の日本兵捕虜に関するウクライナ人からの証言」
　　74頁。
(5)　UPA（ウクライナ蜂起軍）は1942年10月に結成され、主に西ウクライナにおい
　　て、ソ連軍とドイツ軍の両者と戦い、戦後もソ連と戦ったが、最高司令官であった
　　ロマン＝シュヘービチが戦死した後に弱体化し、1950年代後半に組織的抵抗を終え
　　た。
(6)　Макарова А. Норильское восстание. Май-август 1953 года // Воля. –
　　1993. –№ 1. – С. 68.
(7)　富田武『シベリア抑留』中公新書、2016年、170頁。
(8)　アン・アプルボーム著、川上洸訳『グラーグ：ソ連集中収容所の歴史』白水社、
　　540頁。
(9)　Бондарук. Л. Бандерівський стандарт // «Главреда», 18.06.2008 (URL: http:
　　//www.glavred.info/archive/2008/06/18/172641-1.html　最終閲覧日：2021
　　年5月16日）。
(10)　Бондарук Л. Роль українського руху опору в організації Норильського

повстання // Історичний архів. 2010. Вип. 4. – С.39.

（11）　Бондарук. Л. Жіноче обличчя Норильського повстання // Історична правда. 25 ТРАВНЯ 2018（URL: http://www.istpravda.com.ua/articles/2018/05/25/152503/　最終閲覧日：2021年5月15日）。

（12）　これについては前掲のБондарук Л. Роль українського руху опору в організації Норильського повстання // Історичний архів. 2010. Вип. 4. С. 38–42. が詳しい。また、アプルボームは、ウクライナ民族主義者が何年も経ってから、自分たちの秘密組織によって計画し実行したと主張したことや、自分たちの存在価値を示すためにソ連内務省関係者が起こした自作自演説も紹介しつつも、ウクライナ人が自らの自由意志で行動していると信じていた可能性も指摘している。アプルボーム著、川上訳『グラーグ』548頁。

（13）　Грицяк Є. Норильське повстання // Харківська правозахисна група. – Х. : Права людини, 2008. – С. 15.

（14）　1953年6月22日〜8月1日にロシア連邦コミ共和国のヴォルクタでウクライナ人を中心に起きた蜂起（Воркутинське повстання «Енциклопедія Сучасної України» URL: http://www.esu.com.ua/search_articles.php?id=29704　最終閲覧日：2021年5月15日）。№134 Доклад о работе комиссии МВД СССРв Речном лагере МВД в г. Ворк В кн. ГУЛАГ: Главное управление лагерей. 1918–1960: [Документы] / Сост. А. И. Кокурин, Н. В. Петров; Науч. ред.: В. Н. Шо стаковский. — М.: Фонд «Демократия», 2000. – С. 579 – 588.

（15）　1954年5月16日〜6月26日に現カザフスタンのジェスカスガンでウクライナ人を中心に起きた蜂起（Кенгірське повстання в'язнів ГУЛАГу «Енциклопедія Сучасної України» URL: http://www.esu.com.ua/search_articles .php?id=11742　最終閲覧日：2021年5月15日）。№ 137 Документы о восста нии заключенных Степного лагеря МВД в мае-июне 1954 г. В кн. ГУЛАГ: Главное управление лагерей. 1918–1960: [Документы] Сост. А. И. Кокурин, Н. В. Петров; Науч. ред.: В. Н. Шостаковский. — М.: Фонд «Демократия», 2000. – С. 615–661.

（16）　アプルボーム著、川上訳『グラーグ』564頁。また、スターリンの死後、ベリヤが改革の主導権をとろうとしてマレンコフ、フルシチョフと対立していた時期でもあり、「モスクワの委員会」と「囚人委員会代表」の会合という「先例破りだけというだけではすまされないほど破天荒な新機軸」が打ち出され、「この新しいポスト・スターリン時代にあってフルシチョーフはすくなくともほんものの譲歩によって囚人たちを説得しようと進んで試みたようだ」とアプルボームは述べている。同書549頁。

（17）　Грицяк Е. С. Норильское восстание // пер. с укр. В. С. Камышан и др.; ред. и предисл. Л. С. Трус. — Новосибирск: Свеча, 2001. – 60 с.

（18）　ウクライナ人やロシア人の回想録などでは、ノリリスクの収容所は「ゾーン」の語が使用されることが多い。翻訳書などでも同じ場所を指す場合でも原著のとおり「区域」、「地区」、「収容所」が併用されることも多く、やや分かりにくい（例：第三

区域、第三地区、第三収容所：オーランドー・ファイジズ著、染谷徹訳『囁きと密告：スターリン時代の歴史』白水社、2011年、334〜337頁）。よって本章では、回想録の引用や特に必要な場合を除き、「収容所」で統一する。

(19) 斉藤操『シベリア抑留記：エニセーを遡る』私家版、1976年、35頁。

(20) 一方、フリチャークの2011年のインタビュー記事では、レンガ積みの作業などを通じて日本人のリーダーであった「モリカワ少佐」と面会したとも述べている。これは森川正純のことと思われる。またその他に日本軍の将官も収容されていたと述べている。Грицяк Е. «Найбільше я реалізувався як повстанець, цілитель та йог...» 13 травня, 2011（URL: https://day.kyiv.ua/uk/article/osobistist/ievgen-gricyak-naybilshe-ya-realizuvavsya-yak-povstanec-cilitel-ta-yog　最終閲覧日：2021年8月15日）。

(21) そのほか、ドイツ人収容者もいたという。

(22) アンケートは、カルシュ市イヴァン・フランコ家博物館のナタリア・メリニク氏を通じて、筆者が作成した質問票に記入してもらう方法で行った。

(23) サハロフセンター・ウェブサイト（URL: https://www.sakharov-center.ru/asfcd/auth/?t=author&i=577　最終閲覧日：2021年5月15日）。

(24) Губка Іван Миколайович «Енциклопедія Сучасної України»（URL: http://www.esu.com.ua/search_articles.php?id=32227　最終閲覧日：2021年5月15日）。

(25) Губка. I. Документ № 160. Літопис нескореної України: Документи, матеріали, спогади. Книга II. – С. 454.

(26) アプルボーム『グラーグ』548頁。

(27) Губка. I. Документ № 160. Літопис нескореної України: Документи, матеріали, спогади. Книга II.– Львів, 1997.– С. 456.

(28) 斉藤『エニセーを遡る』54頁。

(29) 島村喬『シベリアの女囚たち』宮川書房、1967年、232〜234頁。

(30) ミロン氏にも「マイオール・コンドウ」について聞いたことがあるか尋ねたが、「日本人と個人的にコミュニケーションをあまりとっていなかった」との回答であった。

(31) 斉藤『エニセーを遡る』42頁。

(32) この経緯については、渡辺祥子『魚と風とそしてサーシャ』桜美林大学北東アジア総合研究所、2013年。渡辺祥子『シベリアに慰霊碑を建てるまで —折り鶴よ 羽ばたけ故郷へ魂乗せ—』三惠社、2017年を参照。なお、渡辺祥子氏は第1回シベリア抑留記録・文化賞を受賞している。

(33) 読売新聞「シベリア抑留日本人「地獄の収容所」個人記録も/地元調査団体が資料公表」1991年3月22日、東京夕刊22面。読売新聞「シベリア・ノリリスク収容所/発狂死もあった"地獄"/辛苦語る個人カード入手」1991年3月26日、東京夕刊23面。

(34) 富田武「刊行に寄せて/ささやかな情報提供」渡辺『魚と風とそしてサーシャ』7〜8頁。

(35) 斉藤『エニセーを遡る』41頁。医師の姓は「藤本」。

(36)　島村『シベリアの女囚たち』49頁。

(37)　朝日新聞「日本語を忘れた／法より掟の世界生き抜く（ルポ・シベリアの今：3）」1996年9月4日夕刊、3面。

(38)　北海道新聞「はるかなシベリア／第1部凍土の記憶5／冷戦の影」1995年1月7日。

(39)　北海道新聞「はるかなシベリア／第1部凍土の記憶1／最北のラーゲリ」1995年1月3日。山口は1950年6月に釈放されたが、日本に帰るまでさらに4年近くも待たされた。

(40)　斉藤『エニセーを遡る』66〜67頁。

(41)　「奉天事件」については、富田武『シベリア抑留者への鎮魂歌』人文書院、2019年、77〜79頁、ボブレニョフ・ウラジーミル・アレクサンドロビチ『シベリア抑留秘史：KGBの魔手に捕われて』終戦史料館出版部、1992年、241〜283頁を参照。

(42)　小柳ちひろ『女たちのシベリア抑留』文藝春秋、2019年、209〜214頁。

(43)　なお、シベリア抑留者の証言の中には、伝聞のほか、本人の場合でも記憶違いや誇張が含まれる場合も見られる。

(44)　本人によれば、樺太警察本部特高課警部。

(45)　これは1945年6月13日の出来事であったようである。また正確には、触雷ではなく、米潜水艦スペードフィッシュが誤って撃沈した。Cressman, R., The Official Chronology of the U.S. Navy in World War II, Annapolis MD, Naval Institute Press, 1999（URL: http://www.ibiblio.org/hyperwar/USN/USN-Chron/USN-Chron-1945.html　最終閲覧日：2021年5月17日）。

(46)　第58条は「反革命罪」でスパイ行為、破壊行為、国際ブルジョアジー幇助、テロ行為、反革命サボタージュ、反ソ扇動などの14項目からなっていた。長勢了治『シベリア抑留—日本人はどんな目に遭ったのか』新潮社、2015年、402〜403頁。

(47)　五十嵐弥助「首吊りそこないの記」『労苦体験手記：シベリア強制抑留者が語り継ぐ労苦（抑留編）第12巻』独立行政法人平和祈念事業特別基金、2005年、686〜687頁。

(48)　なお、山本市太郎は、ノリリスクから無事に帰国している。「札幌の恵須取会：山本市太郎氏を迎えて」『樺連情報』80号4面、全国樺太連盟、1956年2月。山本市太郎「あの人この人お便り集」『樺連情報』289号4面、1974年5月。

(49)　斉藤によれば、山本は同郷の青森県人で生まれは鰺ケ沢であった。斉藤『エニセーを遡る』15頁。

(50)　本人が記した経歴は次のとおりである。1941年、教導学校在学中推薦により陸軍中野学校へ。ロシア班に属しロシア語を学び、卒業と同時に北部軍参謀部付、樺太特務機関に配属。国境を越えてくるロシア側スパイの取調べ等にあたる。1953年12月に帰国。その後「波木里正吉」というペンネームでシベリアを題材に90篇あまりの小説を発表し受賞多数。南部吉正「国際ラーゲルの囚人たち」『労苦体験手記：シベリア強制抑留者が語り継ぐ労苦（抑留編）第12巻』独立行政法人平和祈念事業特別基金、2005年、485〜486頁。

(51)　南部「国際ラーゲルの囚人たち」483頁。

(52)　草野虎一「樺太の思い出」『草野虎一遺稿集：北極の餓鬼』草野虎一遺稿集刊行

会、1990年、69～71頁。

（53）　草野虎一「北極の餓鬼（1）」『草野虎一遺稿集：北極の餓鬼』草野虎一遺稿集刊行会、1990年、8～9頁。

（54）　黒澤の名前は、「関東軍情報部五十音人名簿」でも確認できる。「留守名簿／関東軍情報部／五十音人名簿／721」国立公文書館、平25厚労01576100、51頁。

（55）　黒澤嘉幸『禿鷹よ心して舞え：シベリア抑留11年最後の帰還兵』彩流社、2002年、170頁。

（56）　黒澤『禿鷹よ心して舞え』252頁。

（57）　森川正純「陸の孤島ナリリスクに生きて」朔北会（代表草地貞吾）編『朔北の道草：ソ連長期抑留の記録』1977年、669頁。

（58）　森川「陸の孤島ナリリスクに生きて」664頁。

（59）　森川正純「白夜と北極光のラーゲル」『文藝春秋／臨時増刊／読者の手記／シベリア強制収容所』1982年9月。

（60）　朝日新聞「日本語を忘れた／法より掟の世界生き抜く（ルポ・シベリアの今：3）」1996年9月4日夕刊、3面。

（61）　朝日新聞「きょう卒業式／予備士官学校」1939年3月9日朝刊、11面。

（62）　中野校友会編『陸軍中野学校』840頁。

（63）　伊藤貞利『戦後世代への遺言：中野学校の秘密戦：中野は語らず、されど語らねばならぬ』中央書林、1984年、233～234頁。

（64）　中野校友会編『陸軍中野学校』188頁。

（65）　森川「白夜と北極光のラーゲル」90頁。なお「昭和五十三年」と誤記している。

（66）　後藤護『息子がよむ父のシベリア遺書』緑風出版、1993年。

（67）　後藤『息子がよむ父のシベリア遺書』70頁。

（68）　後藤『息子がよむ父のシベリア遺書』80頁。

（69）　後藤『息子がよむ父のシベリア遺書』112頁。

（70）　徳山光夫『死のラーゲリから生還して：ソ連捕虜収容所の10年』東峰書房、1994年。

（71）　徳山『死のラーゲリから生還して』111頁。富田『シベリア抑留者への鎮魂歌』78頁。ボブレニョフ『シベリア抑留秘史』246頁。

（72）　小柳『女たちのシベリア抑留』213頁。インタビューされた女性によれば、別の女性に子供がいた。

（73）　一方、帰国時期を1955年10月末とするなど一致しない部分もある（実際は1954年3月、また徳山の手記には1954年とする記述もある）。

（74）　「留守名簿／関東軍情報部五十音人名簿／721」108頁。「身上申告書／関東軍情報部／た～と635」国立公文書館、平26厚労07584100、121。

（75）　徳山『死のラーゲリから生還して』95頁。

（76）　徳山『死のラーゲリから生還して』105頁。

（77）　徳山『死のラーゲリから生還して』104頁。

（78）　山岡鉄雄「ナリリスク暴動事件の真相」『日本週報』1956年1月15日号。

（79）　山岡「ナリリスク暴動事件の真相」16頁。

（80）　斉藤『エニセーを遡る』56頁。

（81）　ノリリスク到着を指すと思われる。斉藤によれば、ノリリスクへの日本人の第一陣の到着は1946年6月であった。斉藤『エニセーを遡る』6頁。

（82）　後藤『息子がよむ父のシベリア遺書』87頁。

（83）　後藤『息子がよむ父のシベリア遺書』168頁。

（84）　松下貞清・佐藤清編『シベリア抑留者画集：きらめく北斗星の下に』シベリア抑留画集出版委員会、1989年、142～147頁。

（85）　斉藤『エニセーを遡る』3頁。

（86）　松下・佐藤編『シベリア抑留者画集：きらめく北斗星の下に』142頁。

（87）　斉藤「あとがき」『エニセーを遡る』。

（88）　№134 Доклад о работе комиссии МВД СССР в горном лагере МВД в городе Норильске в связи с восстанием заключенных, 1 сентябре 1953 г. В кн. ГУЛАГ: Главное управление лагерей. 1918–1960: [Документы] / Сост. А. И. Кокурин, Н. В. Петров; Науч. ред.: В. Н. Шостаковский. — М.: Фонд «Демократия», 2000. С.567–578. ただし、同報告に関しては鎮圧にあたっての火器の使用について書かれていないなど、当局に都合よく書かれている可能性があり注意が必要である。

（89）　斉藤『エニセーを遡る』26頁。

（90）　斉藤『エニセーを遡る』34頁。

（91）　斉藤『エニセーを遡る』47頁。

（92）　斉藤『エニセーを遡る』43頁。

（93）　島村『シベリアの女囚たち』232～233頁。

（94）　斉藤『エニセーを遡る』14頁。

（95）　この部分は、斉藤から後藤護へ贈られた『エニセーを遡る』14頁に手書きで書き込まれたものである。

（96）　Николишин В. А. «Тут, в тюремном трюме, мы с Григорием Климовичем написали и положили на музыку «Гимн узников Норильска»...» // О времени, о Норильске, о себе... Кн. 6 / ред.-сост. Г. И. Касабова. – М. : ПолиМЕдиа, 2005. – С. 162.

（97）　黒澤『禿鷹よ心して舞え』293頁。

（98）　原著では「ギブザ」となっているが、斉藤から後藤護へ贈られた『エニセーを遡る』では手書きで加筆修正されている。

あとがき

　事実上、日本が支配した満洲国のハルビンでは、イヴァン・スヴィットが編集者を務めるウクライナ語新聞『満洲通信』のほか、さまざまなロシア語新聞が刊行されていたが、その中の一つに『ハルビンスコエ・ウレーミヤ』があった。他のロシア語新聞と異なり、日本人の大澤隼が設立し、のちに古澤幸吉に受け継がれた。前書『日本・ウクライナ交流史1915–1937年』を書く中で、スヴィットやウクライナ人居留民会の幹部であったドミトロ・バルチェンコが、同紙でウクライナ関連の記事を書いていたことを知った。陰ながらウクライナ人を応援していた大澤への関心が高まり調査を進めると、二・二六事件の際に関係を疑われ、哈爾賓憲兵隊に拘束されたことを知った。日本とウクライナの交流を調べる中で、まさか二・二六事件の調書を中心とする膨大な史料をここまで読み込むとは思ってもみなかったが、その記録を通じて大澤には娘がいたことを知った。さらに調査を進める中で、偶然にもその親族を通じて子女の河合静子氏にたどり着いた。後任の社長の古澤は、ハルビンのウクライナ人を公私にわたり支え続けた堀江一正の名前をその回想録に記していた。白系露人だけではなく、ウクライナ・サークルとも繋がりがあったかもしれない2人に惹かれてまとめた論文は、この日宇交流史シリーズからスピンオフする形で「大澤隼と古澤幸吉：『ハルビンスコエ・ウレーミヤ』の二人の経営者」という題で、満洲やハルビン研究で知られる『セーヴェル』誌への掲載に至った。同誌編集委員の生田美智子教授、藤原克美教授、伊賀上菜穂教授のご厚意に感謝申し上げたい。また、2020年11月12日、卒寿をとうに過ぎた大澤の子女の静子氏と古澤幸吉の孫の陽子氏の対面が実現し、約80年ぶりの両家の邂逅を果たすことができた。

　邂逅と言えば、前書ならびに本書は、日宇の2国間関係の通史ではなく、日本人とウクライナ人の思いがけない出会いを主題とした人的交流史である。前書執筆の際も、また本書を執筆するにあたっても人的交流史であることを象徴するかのように地球規模のさまざまな思いがけない出会いがあった。

　筆者がエキスパートを務めるキーウのロシア問題研究センター（理事長：ヴォ

ロディーミル・オフリスコ元外務大臣）から、「カナダからプロフェッソル・オカベと連絡をとりたいと依頼があった」とメールが来た。連絡してきたのはレーシャ・ジュラという女性からであった。1937年に日本を経由してハルビンへ渡ったウクライナ民族主義者組織のリーダーのフリホリー・クペツィキーの通称ジュラと同じ名字を持つ同氏とメールで連絡をとったところクペツィキーの子女であることを知った。何か史料がないか尋ねたところ、一連の写真が送られてきたが、それを見た瞬間に思わず息をのんだ。『ウクライナ・日本語辞典』の共著者アナトリ・ティシチェンコ（ヂブローワ、クヴィチェンコ）の顔写真が含まれていたからである。同辞典の詳細な画像が公開されるのは本書が初めてであるが、その編纂に携わったティシチェンコの経歴にくわえて実像まで紹介することができた。

　コロナ禍に見舞われた2020年から2021年にかけて、学生のみならず大学教員も慣れないオンライン環境への適応の為、苦労の連続であったが、その中でも歴史家ほど影響を受けた研究者はいなかったのではないだろうか。緊急事態宣言のたびに、図書館、史料館は閉館され、くわえて海外への史料調査は事実上、不可能となった。本書が研究対象としたのはポーランド、アメリカ、ウクライナ、中国、ロシアなど、ほぼ地球を一周する地域である。この「ステイ・ホーム」を余儀なくされ研究継続はほぼ不可能と思われる中で、今までは考えられなかったリクエストに応じてくれる機関が現れた。「幻の辞書」とも言われる『ウクライナ・日本語辞典』についてはスヴィットの手記を熟読した結果、概ねの現存場所は特定していた。通常であれば、現地へ赴いて、自身で史料調査や整理を行わねばならないのだが、原本があるのではと当たりを付けていたカナダ・ウィニペグ市のウクライナ文化教育センターOSEREDOKに思い切って史料の整理を依頼してみた。すると同センターのオレンカ・スクルプニューク氏ならびにアレクサンドラ・スカンドリー氏が未整理の史料の中から『ウクライナ・日本語辞典』を探しだし、全画像をスキャンしてデータを提供してくださった。イヴァン・スヴィット自身で寄贈したであろう「幻の辞書」がオンラインの繋がりで見つかり入手できるというのも、情報社会の進展とコロナ禍ならではである。原本の所在を明らかにしたのは、日宇両国の研究を通じて本書が初めてであり、それを用いた今後の研究の進展を期待してのことである。

ウクライナでドイツ軍の捕虜になった日本人がいるらしいという噂は聞いていたが、調べていく中でその日本人の身柄を引き取ったのが織田寅之助在ケーニヒスベルク総領事代理だと知った。親族であれば何か知っているかもと思い、辿っていくと甥の織田義郎氏が著名な銅版画家で、また筆者の大学の先輩ということが分かり、子女の高田めぐみ氏を通じて、孫の伏木宏奈氏に行き着いた。伏木氏とはオンラインで何度も話をさせていただき、史料の提供を受けただけではなく、その整理にくわえて多くのご助言をいただいた。2021年にたびたび出された緊急事態宣言の影響で、なかなか伏木邸に赴くことができなかった。今回は日宇交流の一部として、織田と高島與五蔵の関係にのみ焦点を当てたが、杉原千畝の後任としてケーニヒスベルクに赴任した織田の経歴や活動も非常に興味深い。またさまざまな写真にくわえ、膨大な日記の内容も第二次世界大戦のケーニヒスベルクの実情や駐独外交官の実態を知ることができる第一級の史料である。これについては、伏木氏が「織田寅之助研究会」を立ち上げて研究を続けておられ、近い将来成果を見ることができると期待している。またこのたびのご厚情に報いるため、引き続き協力させていただければと思う。

　2021年2月に『日本・ウクライナ交流史1915–1937年』が刊行された後、3月31日には、セルギー・コルスンスキー大使のご厚意により駐日ウクライナ大使館で初めてのブックプレゼンテーションが開催された。また、6月21日には、オストロフ・アカデミー国立大学ウクライナ・ディアスポラ研究所のアラ・アタマネンコ所長のご尽力によりウクライナ国内で初めてのブックプレゼンテーションがオンラインで行われた。また、早くも5月末にはキーウ大学のイヴァン・ボンダレンコ教授によって、『Japanese Slavic and East European Studies』誌に宇英両言語で書評を書いていただいた。日本語の原書に続き、ウクライナ語版が刊行された後も、さまざまな分野ならびに立場の日宇両国の専門家からも多くのご助言を賜った。イヴァン・クルィプヤケーヴィチ記念ウクライナ学研究所主任研究員のミコラ・ポシブニチ氏は、筆者の細かい事項の確認や質問にSNSを通じて即座に答えてくださった。また前書に対するご感想をお聞かせいただいた山本武利教授の著作や研究からはさまざまな示唆を受けた。とくに第3章でクペツィキーが出会った日本人を特定する際に、山本先生が発見された「関東軍情報部五十音人名簿」は本書では大いに役立った。同じく前

書を献本させていただいた田嶋信雄教授からは、ウクライナ民族主義者リコ・ヤリとドイツとの関係を中心にご助言を賜った。

　日宇交流史を専門とする筆者は、シベリア抑留については素人同然である。しかしノリリスク蜂起を中心に見れば、そこでウクライナ人と日本人の邂逅があったことは間違いない。このテーマを書くにあたり、スターリン弾圧やシベリア抑留研究の第一人者である富田武教授から、さまざまなご指摘をいただいた上に史料もご提供いただいた。また、ノリリスク蜂起や同地でのウクライナ人収容者についての研究で知られるウクライナ国民記憶院のレーシャ・ボンダルク氏にもご助言いただいた。くわえてカルシュ市イヴァン・フランコ家博物館のナタリア・メリニク氏にはノリリスク蜂起の生存者であるイヴァン・ミロン氏へのアンケートに多大なご助力を賜った。思えば、前書を書き始めるきっかけの一つとなったウラジオストクの沿海州ウクライナ人協会のビャチェスラフ・チョルノマズ氏との運命的な出会いもSNSを通じてであった。年齢、場所、国籍にかかわらず、運命的な出会いが、一度ならず何度も起こるのは、情報通信技術が発達し世界が一体化した時代ならではであろうか。

　本書の草稿を書き終えようとしていたとき、ノリリスクに抑留されていた後藤金四郎の手記に出くわした。金四郎の手記には、子息である護氏によって詳細な解説が付されていた。その出版社に連絡先を教えてもらい、護氏に連絡をとったところ、送られて来たのが、同じくノリリスクに抑留された斉藤操が自ら手書きで加筆、修正した手記と膨大な情報を含む斉藤から護氏への書簡であった。これについては本書ではウクライナに関連する部分を、ほんの一部しか使用していないが、稿を改めて書く予定である。それにより断片的な情報のみのノリリスク抑留の実態について明らかにし、生きて帰国を果たすことができなかった日本人の鎮魂となればと考えている。

　前書に対しては、中部大学大学院の小島亮教授を主査、同大学院長の石井洋二郎教授、森田朋子教授を副査として2021年6月7日に行われた論文博士学位請求論文に係る公開審査会を経て博士（歴史学）の学位を授与されることとなった。もともと学位論文を意識して執筆したため、客観的かつ公平な視点からの記述となるよう最大限努め、なるべく感情的な表現は避けた。本書でもそれに続き、いずれの章でも客観的視点からの記述を心がけた。一方、シベリア抑留

者の証言などには、ウクライナ人寄りかつ感情の高ぶった表現も多々見られたが、本書では敢えてそれらの声を積極的に取り上げた。なぜなら、一ウクライナ人や一日本人が感じた素直な感情であり、彼らの感じ方、感性が取り上げられなければ、日本人とウクライナ人の交流の史的研究として逆にバイアスがかかり、また不十分であると感じたからである。

　本書の中心となった史料は、ウクライナ人の回想録やウクライナ国外のものにくわえて、日本に残されたものである。前書以上に日本側の史料に依拠した研究であり、日本人とウクライナ人の人的交流にくわえて、ウクライナ人も知らなかったウクライナ人の歴史を明らかにする新しい手法である。この日本・ウクライナ交流史としては、あと2つ計画がある。一つ目の計画は前書に続く、本書のウクライナ語版の刊行である。これについては、引き続きリヴィウ工科大学で日本語を教えるナディア・ゴラル講師の名訳に期待したい。前書のウクライナ語版は2021年5月に早くもリヴィウ工科大学出版より刊行され、筆者のところにもウクライナ人研究者だけではなく各界の人々から多くの反響があった。本書の二つの章もウクライナ語論文としてすでに発表している。それにくわえて、前書・本書ともに英語版の出版の可能性も模索している。日本におけるウクライナ研究をウクライナ本国や世界のウクライナ研究者に向けて発信し成果を共有するのは最も重要な課題と考えている。そしてもう一つの計画は、本書に続く第3巻『日本・ウクライナ交流史1991 − 現在』である。これについてはウクライナ独立後にウクライナとさまざまな形で交流を持った人々がその経験をそれぞれ執筆し、共著の形で出版できればと考えている。それをまとめることによって、日本人とウクライナ人の100年を超える交流の歴史を書き記す旅を完結することができればと願っている。

　筆者は、現在、国際ウクライナ学会日本支部であるウクライナ研究会の会長を務めている。その創設25周年事業として、会員の天江喜七郎元駐宇日本国大使のご紹介で、ウクライナにおいて農業関連事業を展開する株式会社サードウェーブ代表取締役社長の尾崎健介氏のスポンサーシップを得て、ウクライナ研究会賞を創設することができた。ウクライナ研究のみを対象とした日本初の学術賞である。2021年2月には、元駐宇日本国大使の黒川祐次キーウ国際大学名誉教授を選考委員長として、原田義也氏、藤森信吉氏の2名に研究奨励賞を授

与することができた。また本年は、ウクライナ最高会議対日友好議員連盟のハリーナ・ミハイリューク共同会長をオンラインでお招きし、元駐宇日本国大使の角茂樹玉川大学客員教授、本会副会長の東野篤子筑波大学准教授らと討論を行った。その他に、在外のウクライナ研究者による報告会の予定もあるなど新たな試みを行っている。今後も会長として、日本におけるウクライナ研究のさらなる発展のために微力ながら尽力したい。

　なお、本書は前書と同様に、神戸学院大学出版会設立記念出版補助制度の援助を受けている。神戸学院大学は、2021年に西ウクライナ国立大学、オストロフ・アカデミー国立大学、プレカルパチア国立大学、リヴィウ工科大学と新たに協定を結ぶ予定で、ウクライナ国立農業科学アカデミー・アグロエコロジー・環境マネジメント研究所にくわえて、5大学・研究機関と協力関係を築くことになる。本学が筆者の第二の祖国とも言うべきウクライナとの学術交流を積極的に続けていることに感謝するとともに、今後も力強いご支援をお願いしたい。

2021年8月24日
　ウクライナ独立30周年の日にウクライナ人と日本人の変わらぬ友情を願って

岡部芳彦

参考文献一覧

【史料】

〈ウクライナ語〉

Діброва А, Одинець В. Українсько-ніппонський словник // Під ред. Ясуда Сабуро. Харбін, 1944. – 267 с.（アナトリ・ヂブローワ、ワシーリ・オヂネツ『ウクライナ・日本語辞典』ウクライーナ居留民会、1944年）。

Далекий Схід: збірник, присвячений справам українського Далекого Сходу // Харбін: видання Ради Української Національної Колонії у МаньчжуДі-Го, 1936. – 86 с.（ウクライナ東洋学者協会編『遠東雑誌』満洲帝国ウクライナ人居留民会、1936年）。

フリホリー・クペツィキー関係史料（レーシャ・ジュラ氏提供）。

〈邦語〉

JACAR（アジア歴史資料センター）Ref.A03024390200、「ルテニア問題と反日宣伝」（国立公文書館）。

JACAR（アジア歴史資料センター）Ref.B02030835400、1.一般/2 昭和5年9月30日から昭和9年2月27日（A-2-2-0-G/PO1）（外務省外交史料館）。

JACAR（アジア歴史資料センター）Ref.B02031171400、4.ハンガリー対チェッコ関係/2 昭和13年10月20日から昭和15年5月1日（A-4-1-0-5_1_003）（外務省外交史料館）。

JACAR（アジア歴史資料センター）Ref.B02031171500、5.カルパトウクライナ問題/波蘭に於けるウクライナ運動に関する件（A-4-1-0-5_1_003）（外務省外交史料館）。

JACAR（アジア歴史資料センター）Ref.B02032158800、「ウクライナ」関係（A-6-5-0-1_12）（外務省外交史料館）。

JACAR（アジア歴史資料センター）Ref.B02032392900、5.ウクライナに於てドイツ軍捕虜になった日本人関係（A-7-0-0-8_6_001）（外務省外交史料館）。

JACAR（アジア歴史資料センター）Ref.B02032393400、2.在ドイツ法人引揚に関する件（在ベルリン総領事報告）（A-7-0-0-8_6_002）（外務省外交史料館）。

JACAR（アジア歴史資料センター）Ref.B04012983100、各国ニ於ケル反共産主義運動関係雑件 第三巻 10.反共産主義資料関係 分割2（I-4-5-1-3_003）（外務省外交史料館）。

JACAR（アジア歴史資料センター）Ref.B04012985300、各国ニ於ケル反共産主義運動関係雑件 第三巻 32.「カルパトウクライナ」ニ於ケル反共協会設立関係（I-4-5-1-3_003）（外務省外交史料館）。

JACAR（アジア歴史資料センター）Ref.B04012990900、「国際思想研究会設立趣意書」1933年9月23日/国際思想研究会関係雑件（「オーベル」協会関係ヲ含ム）分割1（I-

4-5-1-9）（外務省外交史料館）。

JACAR（アジア歴史資料センター）Ref.B04012991100、国際思想研究会『会報』1934年5月 / 国際思想研究会関係雑件（「オーベル」協会関係ヲ含ム）分割3（I-4-5-1-9）（外務省外交史料館）。

JACAR（アジア歴史資料センター）Ref.B04013198500、民族問題関係雑件 第三巻 15.「ウクライナ」人関係 分割1（I-4-6-0-1_003）（外務省外交史料館）。

JACAR（アジア歴史資料センター）Ref.B04013198600、民族問題関係雑件 第三巻（I-4-6-0-1_003）（外務省外交史料館）。

JACAR（アジア歴史資料センター）Ref.B04122196200、国際連盟学芸協力国際委員会及国際学院関係一件 / 青少年教育専門委員会関係（B-9-11-0-1_2）（外務省外交史料館）。

JACAR（アジア歴史資料センター）Ref.C01004855100、学生現地演習実施の件（防衛省防衛研究所）。

JACAR（アジア歴史資料センター）Ref.B10070237300、「ウクライナ」問題 / 対蘇政策参考資料　第三輯 / 1938年（在外_60）（外務省外交史料館）。

JACAR（アジア歴史資料センター）Ref.B13081397200、乙 / 3　国際連盟協会補助金問題（議JY-6）（外務省外交史料館）。

JACAR（アジア歴史資料センター）Ref.B13091825900、外務省報第四百三十三号（昭和十四年十二月十五日）/ 叙任及辞令（外・報24）（外務省外交史料館）。

JACAR（アジア歴史資料センター）Ref.B13091880600、外務省報　第二十六巻（外・報26）（外務省外交史料館）。

JACAR（アジア歴史資料センター）Ref.B14090242800、4.在「ケーニヒスベルグ」領事館（M-1-3-0-1_1_23）（外務省外交史料館）。

JACAR（アジア歴史資料センター）Ref.A20040036900、樺太庁内地編入関係（国立公文書館）。

「被告尋問調書 / 大島浩」1946年4月22日、極東国際軍事裁判法廷証第776A号、国立国会図書館デジタルコレクション。

「宣誓供述書 / 笠原幸雄」1947年10月23日、極東国際軍事裁判法廷証第3618号、国立国会図書館デジタルコレクション。

「宣誓供述書 / 河邊虎四郎」、1948年1月23日、極東国際軍事裁判法廷証第3886号、国立国会図書館デジタルコレクション。

粟屋憲太郎、竹内桂編『対ソ情報戦資料第1巻：関東軍関係資料（1）』現代資料出版、1999年。

粟屋憲太郎、竹内桂編『対ソ情報戦資料第2巻：関東軍関係資料（2）』現代資料出版、1999年。

建国大学編『康徳8年度建国大学要覧』建国大学、1941年。

建国大学編『康徳9年度建国大学要覧』建国大学、1942年。

国務院総務庁人事処編『満洲国官吏録：康徳6年4月1日現在』明文社、1939年。

国務院総務庁人事処纂『満洲国官吏録：康徳7年4月1日現在』国務院総務庁人事処、1940年。

「留守名簿／関東軍情報部五十音人名簿／721」国立公文書館、平25厚労01576100。

「身上申告書／関東軍情報部／た～と635」国立公文書館、平26厚労07584100。

織田寅之助関係史料（伏木宏奈氏提供）。

後藤金四郎関係史料（斉藤操からの書簡：後藤護氏提供）。

【主要参考文献】

〈ウクライナ語〉

Бондарук Л. Роль українського руху опору в організації Норильського повстання // Історичний архів. 2010. Вип. 4. – С.38−42.

Гай-Нижник П. П. Відновлення Української Держави Актом 30 червня 1941 р. // Держава у теорії і практиці українського націоналізму. Матеріали VI Всеукраїнської наукової конференції, Івано-Франківськ, 26−27 червня 2015 р. – Івано-Франківськ: Місто НВ, 2015. – С.52−67.

Грицяк Є. Норильське повстання // Харківська правозахисна група. – Х. : Права людини, 2008. – 104 с.

Грицяк Е. С. Норильское восстание // пер. с укр. В. С. Камышан и др.; ред. и предисл. Л. С. Трус. — Новосибирск: Свеча, 2001. – 60 с.

Губка. I. Документ № 160. Літопис нескореної України: Документи, матеріали, спогади. Книга II. – Львів, 1997. – С. 448−459.

Капранов С. Діяльність. Товариства українських орієнталістів у Харбіні(1936−1937 рр.) // Східний світ. Київ, 2011, № 3. – С. 74−85.

Купецький Г. Там де сонце сходить. Спогади бойовика ОУН на Далекому Сході // Торонто, 1988. – 498 с.

Кучерук О. Рико Ярий – загадка ОУН // Львів: ЛА «Піраміда», 2005, – 212 с.

Лах Р. Збірник "Далекий Схід" (1936 р.) як джерело до вивчення японського вектора сходознавчих досліджень Товариства українських орієнталістів у Харбіні // XXI Сходознавчі читання А. Кримського: тези доп. міжнар. наук. конф., 17−18 листоп. 2017 р. Ін-т сходознавства ім. А. Кримського НАН України. – Київ, 2017. – С. 26−27.

Лах Р. Товариство українських орієнталістів у Харбіні (1936): китаєзнавчі студії // Збірник матеріалів IX Міжнародної науково-практичної конференції «Україна−Китай: діалогкультур» та Міжнародної науково-практичної конференції «Сучасні тенденції сходознавства», 16−18 квітня 2019 р. / Луганський національний університет ім. Тараса Шевченка. – Старобільськ, 2019. – С. 200−210.

Мірчук П. Нарис історії Організації Українських Націоналістів. Перший том. 1920-1939 // За редакцією С. Ленкавського. Українське видавництво. Мюнхен - Лондон - Нью-Йорк, 1968.– 640 с.

Малахова Ю. Структура словникових статей першого українсько-японського словника Анатолія Діброви та Василя Одинця // Вісн. Київ. нац. ун-ту імені Тараса Шевченка (Східні мови та літератури). – К. : ВПЦ "Київський університет", 2014. – Вип. 1(20). – С. 25–28.

Пагіря О, Посівнич М. Воєнно-політична діяльність ОУН у Закарпатті (1929—1939) // Український визвольний рух: наук. зб. – Львів, 2009. – Збірник 13. – С. 45–88.

Попок А. А. Кулябко-Корецький Віктор // Енциклопедія історії України : у 10 т. // редкол. : В. А. Смолій (голова) та ін. ; Інститут історії України НАН України. – К. : Наук. думка, 2009. –Т. 5 : Кон – Кю. – С. 492.

Посівнич М. Українська національна колонія в Манджурії у 1920 – 1945 рр. // Наукові записки [Національного університету «Острозька академія»]. Історичні науки. - 2010. - Вип. 15. - С. 43–54.

Посівнич М, Воєнно-політична діяльність ОУН в 1929-1939 рр. // Інститут українознавства імені І. Крип'якевича НАН України, ЦДВР. – Львів, 2010. – 368 с.

Світ І. Суд над українцями в Чіті (1923-1924 роки) // Лондон, 1964. –38 с.

Світ І. Українсько-японські взаємини 1903—1945 (Історичний аналіз і спостереження) // Іван Світ. — Нью-Йорк: Українське історичне товариство, 1972. –371 с. – (Серія: Мемуаристика, ч. 3).

Потильчак О, Карпов, В, Такеучі Т. Таємниці «західного інтернування»: японці в радянських таборах для військовополонених в Українській РСР (1946—1949 рр.) /К.: Вид-во Акад. праці і соц. відносин Федер. проф. спілок України, 2011. –176 с.

Хіно Такао, І.П. Бондаренко. Перший українсько-японський словник : научное издание // Всесвіт, 2004. - N 3/4. – С. 45–52.

Чорномаз. В. Українці в Китаї (перша половина ХХ ст.) : енциклопедичний довідник // Укл. В. А. Чорномаз. – Одеса, Видавничий дім «Гельветика», 2021. – 634 с.

〈英語〉

Chashchin, Kirill., *Russians in China. Genealogical index (1926-1946)*, South Eastern Publishers Inc 2014.

Kuromiya, H., Mamoulia, G., *The European Triangle. Russia: Caucasusu and Japan, 1904-1945*, De Gruyter Open, Warsaw/Berlin, 2016.

Mueller, M., *Nazi Spymaster: The Life and Death of Admiral Wilhelm Canaris*, Skyhorse Publishing, Inc, 2017.

Sych, O., 'Japan in the Liberation Concept of the OUN in the Postwar Period', Kobe Gakuin Economic Papers, 2015.

Stephan, John. J., *The Russian Fascists: Tragedy and Farce in Exile, 1925-1945,*

New York: Harper & Row, 1978.

〈ロシア語〉

ГУЛАГ: Главное управление лагерей. 1918–1960: [Документы] // Сост. А. И. Ко-курин, Н. В. Петров; Науч. ред.: В. Н. Шостаковский. – М.: Фонд «Демокра-тия», 2000. – 888 с.

Макарова А. Б., Норильское восстание // «Воля», журнал узников тоталитар-ных систем 1993, № 1, С. 68 – 108.

Николишин В. А. «Тут, в тюремном трюме, мы с Григорием Климовичем на-писали и положили на музыку «Гимн узников Норильска»...» // О времени, о Норильске, о себе... Кн. 6. ред.-сост. Г. И. Касабова. – М. : ПолиМЕдиа, 2005. – С. 152–165.

〈邦語〉

浅利順四郎「稲垣守克論」『国際知識』1月号、1925年。

アプルボーム、アン著、川上洸訳『グラーグ：ソ連集中収容所の歴史』白水社、2006年［原著：Applebaum, A., *Gulag: a history*, New York : Doubleday, 2003］。

五十嵐弥助「首吊りそこないの記」『労苦体験手記：シベリア強制抑留者が語り継ぐ労苦（抑留編）第12巻』独立行政法人平和祈念事業特別基金、2005年。

生田美智子「ハルビンにおける二つのロシア」生田美智子編『満洲の中のロシア：境界の流動性と人的ネットワーク』成文社、2012年。

池井優「日本国際連盟協会：その成立と変質」『法學研究：法律・政治・社会 』68巻2号、1995年。

泉孝英『日本・欧米間、戦時下の旅：第二次世界大戦下、日本人往来の記録』淡交社、2005年。

伊藤貞利『戦後世代への遺言：中野学校の秘密戦：中野は語らず、されど語らねばならぬ』中央書林、1984年。

稲垣守克「欧州に於ける反蘇反共運動」『月刊ロシヤ』第5巻第1号（1月号）、1939年。

稲垣守克「欧州動乱の震源地〈ウクライナ独立の運命〉」『反共情報』第2巻10号、国際反共連盟、1939年。

稲垣守克『国際連合と恒久平和』世界文庫社、1947年。

稲垣守克『国連と世界連邦』日本学士会叢書第一号、日本学士会、1964年。

稲垣守克『思想の進行と国際連盟の立場』国際連盟協会、1919年。

稲垣守克『思想の進行と国際連盟の立場』国際連盟協会、1921年。

稲垣守克『社会主義と平和主義』啓明会、1926年。

稲垣守克『戦争はしないで済む』国際連盟協会、1921年。

稲垣守克『日米戦わず』国際連盟協会、1921年。

井上祐子『戦時グラフ雑誌の宣伝戦：十五年戦争下の「日本」イメージ』青弓社、2009年。

岩本聖光「日本国際連盟協会〜30年代における国際協調主義の展開〜」『立命館大学人

文科学研究所紀要』No.85、2005年。

梅原季哉『ポーランドに殉じた禅僧梅田良忠』平凡社、2014年。

大島幹雄『明治のサーカス芸人はなぜロシアに消えたのか』祥伝社、2013年。

岡部伸『「諜報の神様」と呼ばれた男 - 連合軍が恐れた情報士官小野寺信の流儀』PHP、
　　2014年。

岡部芳彦『日本・ウクライナ交流史1915–1937年』神戸学院大学出版会、2021年。

緒方貞子「国際主義団体の役割」細谷千博編『日米関係史3：開戦に至る10年（1931年
　　─41年）』東京大学出版会、1971年。

小栗勝也「治安維持法反対論の諸相」『法学研究』第68巻第1号、1995年。

織田寅之助「ケーニヒスベルグの思い出」逓信協会郵便文化部編『ゆうびん』10月号、
　　1955年。

織田寅之助「ケーニヒスベルグ籠城記」『文藝春秋』2月号、1956年。

織田寅之助「特別寄稿　ナチ独逸崩壊の頃を想う」『大衆読売』第2号、1946年。

織田寅之助「特別寄稿　ナチ独逸崩壊の頃を想う（続稿）」『大衆読売』新年号、1947年。

片岡長冬「ウクライナ問題」対蘇政策参考資料第3輯、1938年。

片岡長冬「カルパット・ウクライナの思い出」『ソ連研究』第3号、1954年。

川原衛門『関東軍謀略部隊』プレス東京、1970年。

河辺虎四郎『河辺虎四郎回想録』毎日新聞社、1979年。

草野虎一ほか『草野虎一遺稿集：北極の餓鬼』草野虎一遺稿集刊行会、1990年。

黒川祐次『物語　ウクライナの歴史』中公新書、2002年。

黒澤嘉幸『禿鷹よ心して舞え：シベリア抑留11年最後の帰還兵』彩流社、2002年。

コスティック、ステファン「シベリア収容所の日本兵捕虜に関するウクライナ人からの
　　証言」『鈴鹿国際大学紀要Campana』4号、1998年。

小柳ちひろ『女たちのシベリア抑留』文藝春秋、2019年。

後藤護『息子がよむ父のシベリア遺書』緑風出版、1993年。

斎藤充功『日本のスパイ王：陸軍中野学校創設者・秋草俊少将の真実』GAKKEN、2016
　　年。

斉藤操『シベリア抑留記：エニセーを遡る』私家版、1976年。

斉藤操「ナリリスク事件の詳報」朔北会（代表草地貞吾）編『朔北の道草：ソ連長期抑
　　留の記録』1977年。

篠原正瑛『ドイツにヒトラーがいたとき』誠文堂新光社、1984年。

篠原初枝「国際連盟の遺産と戦後日本」『アジア太平洋討究』No. 20、2013年。

島村喬『シベリアの女囚たち』宮川書房、1967年。

進藤翔大郎「抑留帰還者を巡る米ソ情報戦」『アリーナ』20号、2017年。

進藤翔大郎「ラストボロフ事件および関・クリコフ事件：戦後日本を舞台とする米ソ情
　　報戦の例として」『人間・環境学』27号、2018年。

鈴木健二『駐独大使大島浩』芙蓉書房、1979年。

鈴木亨編『帝国陸軍将軍総覧』秋田書店、1990年。

全国樺太連盟編「札幌の恵須取会：山本市太郎氏を迎えて」『樺連情報』80号4面、1956
　　年2月。

田嶋信雄『日本陸軍の対ソ謀略：日独防共協定とユーラシア政策』吉川弘文館、2017年。

田嶋信雄「ナチ時代のベルリン駐在日本大使館：人と政策」『成城法学』48号、1995年。

富田武『シベリア抑留』中公新書、2016年。

富田武『シベリア抑留者への鎮魂歌』人文書院、2019年。

中井和夫「アメリカのなかのウクライナ、そして日本」『窓』45号、1983年。

長勢了治『シベリア抑留：日本人はどんな目に遭ったのか』新潮社、2015年。

中野校友会編『陸軍中野学校』原書房、1978年。

南部吉正「国際ラーゲルの囚人たち」『労苦体験手記：シベリア強制抑留者が語り継ぐ労苦（抑留編）第12巻』独立行政法人平和祈念事業特別基金、2005年。

西原征夫『全記録ハルビン特務機関：関東軍情報部の軌跡』毎日新聞社、1980年。

野村真理『ガリツィアのユダヤ人：ポーランド人とウクライナ人のはざまで』人文書院、2008年。

日野貴夫、I. P. ボンダレンコ「〈ウクライナ・日本語辞典〉の半世紀」『外国語教育：理論と実践』20号、1994年。

ファイジズ、オーランドー著、染谷徹訳『囁きと密告：スターリン時代の歴史』白水社、2011年〔原著：Orlando F., *The Whisperers: Private Life in Stalin's Russia is a history of private life in the Soviet Union during Stalinism*, Metropolitan Books, 2007〕。

伏木宏奈「激戦下のケーニヒスベルク」『せんぽ』杉原千畝研究会、2017年。

別冊歴史読本『地域別日本陸軍連隊総覧』新人物往来社、1990年。

ポダルコ・ピョートル『白系ロシア人とニッポン』成文社、2010年。

ポトィリチャク、O、カルポフ、V、竹内高明著、長勢了治編訳『ウクライナに抑留された日本人』東洋書店、2013年〔原著：Таємниці «західного інтернування»: японці в радянських таборах для військовополонених в Українській РСР (1946—1949 рр.) / О. Потильчак, В. Карпов, Т. Такеучі. — К.: Вид-во Акад. праці і соц. відносин Федер. проф. спілок України, 2011. — 176 с.〕。

ボブレニョフ・ウラジーミル・アレクサンドロビチ『シベリア抑留秘史：KGBの魔手に捕われて』終戦史料館出版部、1992年。

松下貞清・佐藤清編『シベリア抑留者画集：きらめく北斗星の下に』シベリア抑留画集出版委員会、1989年。

丸山静雄『還らぬ密偵：対ソ蒙満謀略秘史』平和書房、1948年。

三田和夫『迎えに来たジープ：奪われた平和』20世紀社、1955年。

森川正純「白夜と北極光のラーゲル」『文藝春秋／臨時増刊／読者の手記／シベリア強制収容所』1982年9月号。

森川正純「陸の孤島ナリリスクに生きて」朔北会（代表草地貞吾）編『朔北の道草：ソ連長期抑留の記録』1977年。

守屋長、織田寅之助『野の国ポーランド：その歴史と文化』帝国書院、1949年。

山内封介『赤軍将校陰謀事件の真相：スターリン暗黒政治の曝露』国際反共連盟調査部、1937年。

山岡鉄雄「ナリリスク暴動事件の真相」『日本週報』1956年1月15日号。

山本市太郎「あの人この人お便り集」全国樺太連盟編『樺連情報』289号4面、1974年5月。

山本尚志『日本を愛したピアニスト：レオ・シロタ』毎日新聞社、2004年。

山本尚志「レオ・シロタ没後半世紀：ピアニスト　シロタに関する若干の新史料と考察」『学習院高等科紀要』13号、2015年。

山本武利『陸軍中野学校：「秘密工作員」養成機関の実像』筑摩選書、2017年。

レヴェント、シナン『日本の〝中央ユーラシア〟政策：トゥーラン主義運動とイスラーム政策』彩流社、2019年。

渡辺祥子『折り鶴よ 羽ばたけ故郷へ魂乗せ：シベリアに慰霊碑を建てるまで』三恵社、2017年。

渡辺祥子『魚と風とそしてサーシャ』桜美林大学北東アジア総合研究所、2013年。

〈邦語新聞〉

読売新聞「特措法制定から10年／シベリア抑留・進まぬ解明／身元特定・ロシア機密の壁」2020年6月10日朝刊。

毎日新聞「シベリア抑留／抑留者情報、データ化し活用を／富田武・成蹊大名誉教授」2018年7月4日夕刊。

産経新聞「欧州戦終了後、対日参戦に転ずる確信を持った／ソ連参戦分析、生かされず／1945年6月、外相に報告」2017年1月12日（ウェブ版）。

朝日新聞「日本語を忘れた／法より掟の世界生き抜く（ルポ・シベリアの今：3）」1996年9月4日夕刊。

北海道新聞「はるかなシベリア／第1部凍土の記憶1／最北のラーゲリ」1995年1月3日。

北海道新聞「はるかなシベリア／第1部凍土の記憶5／冷戦の影」1995年1月7日。

読売新聞「シベリア・ノリリスク収容所／発狂死もあった"地獄"／辛苦語る個人カード入手」1991年3月26日夕刊。

読売新聞「シベリア抑留日本人「地獄の収容所」個人記録も／地元調査団体が資料公表」1991年3月22日夕刊。

朝日新聞「ソ連抑留者の遺品など還る／議員団に抱かれて／あす、日赤病院で報告会」1955年10月8日朝刊。

朝日新聞「きょう卒業式／予備士官学校」1939年3月9日朝刊。

【ウェブ資料】

〈ウクライナ語〉

Архів ОУН（The Ukrainian Information Service, URL: http://ounuis.info/library/newspapers/630/surma.html　最終閲覧日：2021年5月23日）。

Бондарук. Л. «Жіноче обличчя Норильського повстання // «Історична правда» 25 ТРАВНЯ 2018（URL: https://www.istpravda.com.ua/articles/2018/05

/25/152503/　最終閲覧日：2021年5月15日）。

Грицяк Е. «Найбільше я реалізувався як повстанець, цілитель та йог...» 13 травня, 2011（URL: https://day.kyiv.ua/uk/article/osobistist/ievgen-gricyak -naybilshe-ya-realizuvavsya-yak-povstanec-cilitel-ta-yog　最終閲覧日：2021年 8月15日）。

Закарпаття онлайн,　Від Підкарпатської Русі до незалежної Української держави. До 100-річчя народження Юліана Химинця（URL: https://www .zakarpattya.net.ua/News/85216-Vid-Pidkarpatskoi-Rusi-do-nezalezhnoi -Ukrainskoi-derzhavy.-Do-100-richchia-narodzhennia-Iuliana-KHymyntsia 最終閲覧日：2021年4月10日）。

Каганець I. Ріхард Яри (Рико Ярий) // Документальне дослідження. Народний Оглядач, 12.12.2013.（URL: https://www.ar25.org/node/23623　最終閲覧日： 2021年4月25日）。

Українська пресова служба / Ukraine Press Service（Canadian Institute of Ukrainian Studies. URL: http://www.encyclopediaofukraine.com/display.asp ?linkpath=pages%5CU%5CK%5CUkrainianPressService.htm　最終閲覧日： 2021年4月8日）。

«Николишин Василий Алексеевич (1927-2003)»（URL: https://www.sakharov -center.ru/asfcd/auth/?t=author&i=577　最終閲覧日：2021年5月15日）。

Кенгірське повстання в'язнів ГУЛАГу «Енциклопедія Сучасної України»（URL: http://esu.com.ua/search_articles.php?id=11742　最終閲覧日：2021年5月15 日）。

Воркутинське повстання «Енциклопедія Сучасної України»（URL: http://esu .com.ua/search_articles.php?id=29704　最終閲覧日：2021年5月15日）。

Губка Іван Миколайович «Енциклопедія Сучасної України»（URL: http://esu .com.ua/search_articles.php?id=32227　最終閲覧日：021年5月15日）。

Лівицький Микола Андрійович «Енциклопедія Сучасної України»（URL: http:// www.esu.com.ua/search_articles.php?id=55407　最終閲覧日：2021年3月14日）。

Бондарук. Л. Бандерівський стандарт // «Главреда», 18.06.2008（URL: http:// glavred.info/archive/2008/06/18/172641-1.html　最終閲覧日：2021年5月16 日）。

〈英語〉

Internet Encyclopedia of Ukraine, Canadian Institute of Ukrainian Studies（URL: http://www.encyclopediaofukraine.com/UnionfortheLiberationofUkraineS VU.htm　最終閲覧日：2017年4月30日）。

Cressman, R., *The Official Chronology of the U.S. Navy in World War II, Annapolis MD*, Naval Institute Press, 1999（URL: http://www.ibiblio.org/hyperwar/USN/USN -Chron/USN-Chron-1945.html　最終閲覧日：2021年5月17日）。

Ruffner, Kevin C., 'Cold War Allies: The Origins of CIA's Relationship with

Ukrainian. Nationalists', Studies in Intelligence, Washington, 1998 (Series: Second Release of Subject Files Under the Nazi War Crimes and Japanese Imperial Government Disclosure Acts, ca. 1981–ca. 2003. Record Group 263: Records of the Central Intelligence Agency, 1894–2002, National Archives and Records Administration. URL: https://catalog.archives.gov/id/19074319　最終閲覧日：2021年8月13日)。

〈ロシア語〉

Бирюков Г. Семья Арсеньевых и японский святой, Берега 2019/ №6 (URL: http://xn--80alhdjhdcxhy5hl.xn--p1ai/content/semya-arsenevyh-i-yaponskiy-svyatoy　最終閲覧日：2021年7月30日)。

Якшина, Д. ТРИНАДЦАТЫЙ КОНСУЛ КЁНИГСБЕРГА. Новый Кёнигсберг №7 Published on Oct 2, 2012 , Перепуганного японца советские солдаты выудили из подвала и отправили домой (URL: https://old.rudnikov.com/article.php?IBLOCK_ID=1&SECTION_ID=0&ELEMENT_ID=18858　最終閲覧日：2021年7月30日)。

〈ジョージア語〉

ジョージア国立議会図書館ウェブサイト (URL: http://www.nplg.gov.ge/emigrants/ka/00000141/　最終閲覧日：2020年3月12日)。

〈邦語〉

山本武利「関東軍情報部と陸軍中野学校の関係─公開された「関東軍情報部五十音人名簿」と引揚者「身上申告書」の分析」諜報研究会 2017/9/30報告資料 (URL: http://www.npointelligence.com/NPO-Intelligence/study/pic2003.pdf　最終閲覧日：2021年4月24日)。

「成瀬孫仁日記（五）昭和十六年十二月」『実録・個人の昭和史Ⅰ（戦前・戦中・戦後直後）』メロウ伝承館 (URL: https://www2.mellow-club.org/densho/modules/d3forum/index.php?post_id=3629　最終閲覧日：2021年5月2日)。

【映像資料】

〈ウクライナ語〉

ミハイロ・フレディリ監督作品『不屈（Незламні）』2019年。
セルヒー・リセンコ監督作品『襲撃（Екс）』2020年。

人名索引

地名索引

事項索引

あ行

著者紹介

岡部芳彦（おかべ　よしひこ）

1973年9月9日、兵庫県生まれ
神戸学院大学経済学部教授、同国際交流センター所長
博士（歴史学）［中部大学：2021年］、博士（経済学）［神戸学院大学：2015年］
ウクライナ国立農業科学アカデミー外国人会員
ウクライナ研究会（国際ウクライナ学会日本支部）会長

主な受賞歴：ウクライナ内閣名誉章（2021年）、ウクライナ最高会議章（2019年）、ウクライナ大統領付属国家行政アカデミー名誉教授（2019年）、名誉博士（ウクライナ国立農業科学アカデミー・アグロエコロジー環境マネジメント研究所第68号、2013年）

主要著書・論文・翻訳書：『日本・ウクライナ交流史1915-1937年』（神戸学院大学出版会、2021年）、『Історія японсько-українських відносин 1915-1937 pp.』（上記のウクライナ語版、ナディア・ゴラル訳、リヴィウ工科大学出版、2021年）、『ウクライナを知るための65章』（共著、明石書店、2018年）、『マイダン革命はなぜ起こったか──ロシアとEUのはざまで──』（ドニエプル出版、2016年）、「人的背景から見たウクライナの政治経済の30年」（『ロシアNIS調査月報』、2021年）、「ウクライナ政治エリートの実像──ヤヌコーヴィチ、マイダン、ポロシェンコ政権──」（『ロシア・ユーラシアの経済と社会』、2016年）、ヴァシリ・クイビダ『詩集 彩られた沈黙』（監訳者、ドニエプル出版、2019年）、『エンドウ豆太郎（コティホローシュコ）：ウクライナの民話』（翻訳校正、オデーサ・アストロ出版、2021年）

E-mail: okabe@eb.kobegakuin.ac.jp

日本・ウクライナ交流史　1937-1953年

発行日　2022年4月1日

著　者　岡部芳彦 ©
装　丁　岡部芳彦 ©
発行人　中村　恵
発　行　神戸学院大学出版会

組　版　窮狸校正所
印刷所　モリモト印刷株式会社

発　売　株式会社エピック
　　　　　651-0093　神戸市中央区二宮町1-3-2
　　　　　電話 078 (241) 7561　FAX 078 (241) 1918
　　　　　http://www.epic.jp　E-mail: info@epic.jp

©2022 Yoshihiko Okabe　Printed in Japan
ISBN 978-4-89985-224-7 C3022